中小企业融资指南

黄祖良◎著

中国铁道出版社有限公司
CHINA RAILWAY PUBLISHING HOUSE CO., LTD.

北 京

图书在版编目（CIP）数据

中小企业融资指南 / 黄祖良著.—北京：中国铁道
出版社有限公司，2024.1
ISBN 978-7-113-30651-9

Ⅰ.①中… Ⅱ.①黄… Ⅲ.①中小企业-企业融资-
中国-指南 Ⅳ.①F279.243-62

中国国家版本馆CIP数据核字（2023）第203720号

书　　名：中小企业融资指南
　　　　　ZHONG-XIAO QIYE RONGZI ZHINAN
作　　者：黄祖良

责任编辑：王　宏　　编辑部电话：（010）51873038　　电子邮箱：17037112@qq.com
封面设计：仙　境
责任校对：安海燕
责任印制：赵星辰

出版发行：中国铁道出版社有限公司（100054，北京市西城区右安门西街8号）
印　　刷：三河市宏盛印务有限公司
版　　次：2024年1月第1版　2024年1月第1次印刷
开　　本：880 mm×1 230 mm 1/32　印张：6　字数：132千
书　　号：ISBN 978-7-113-30651-9
定　　价：59.80元

·序　言·

　　在经济全球化进程一步步深化的时代背景下，以实业为根基的中小企业还没来得及茁壮成长就面临转型或升级的考验。中小企业能不能插上资本的翅膀腾飞是决定成功的关键因素之一。然而，"融资难、融资贵"是中小企业面临的老大难问题。

　　中小企业受资金少、市场小、品牌影响力小、团队不完善等因素的制约。企业家受资本思维认知不深、融资知识的缺失、融资渠道过窄等因素影响，加剧了"融资难、融资贵"问题的凸显。要解决这个问题，单靠国家政策的优化是不够的，还得靠企业家自身的努力，思维上打得开，技术上用得来。要找到适合具有中国特色的企业融资方法，不能照搬西方的资本理论。企业家要带着"找谁融？怎么融？融多少？机构为什么要投？风险如何控制？"等问题去融资。要解决以上问题，对于实业出身的中小企业家来说，没有专业的指导很难自己摸索出答案。

　　投资机构完成对一家企业的投资，一定不是基于一个点的考虑，而是一个系统的评估。这就要求企业的实控人具备综合性的资本素质。就如全国高考，不是只考一个科目，而是综合学科的考量。企业家如何能通过融资的"高考"，那就要求具有一个系统化的、全面的资本知识储备，如资本思维、顶层设计、商业模式、股权激励、路演技巧、资本运作等系统科目。

本书的作者及其团队多年来一直奋斗在帮助企业融资的一线，通过对过往实践的梳理、挖掘，在书中总结了投资机构对项目方融资"高考"的系统考核要点，极具实际参考意义。希望通过该书的发行，能够帮到更多的中小企业摆脱融资困境，呈现欣欣向荣的发展态势！

美中投资基金董事局主席
欧美同学会企业家联谊会会长
美中企业家联合会主席

· 前　　言 ·

我在长期投资的实战过程中，发现很多中小企业家，在融资的过程中缺少系统的资本知识及理论支持，正是由于这个市场需求，《中小企业融资指南》应运而生。本书内容具备连续性及逻辑贯通性，目的是为中小企业家融资提供理论支持和实战指导。

本书共分九章。

（1）资本思维：改变从思维开始。

（2）产互融结合战略：转型的出路，即以产业为基础，以互联网为工具，以金融为战略方针。

（3）顶层设计：顶层设计是企业最初始的战略，决定企业属性的基因及未来的成长空间。

（4）商业模式：体现企业的差异化竞争优势，阐述企业未来的希望及项目的亮点。

（5）股权及股权激励：通过股权激励把公司高管及优秀员工拧成一股绳，与产业链的上下游进行联合，实现合作共赢。

（6）商业计划书：当融资对接投资机构时，一个好的商业计划书就是企业家的实战工具。

（7）融资路演：做得好未必说得清，很多企业家把路演做成了产品解说，由于缺少路演的技巧，因此造成项目路演没有激起投资人的兴趣，以致花大量时间讲产品及介绍技术，最后却打动不了投资人。

（8）融资技巧："投资有风险，融资也有风险。"所以企业家要有融资风险的识别能力及把控力，要明白不是任何给你钱的人都是来帮助你的。

（9）资本运作：要把融到的资金发挥最大的价值，要求项目团队要有资本运作的能力，以实现投资人稳步创收的意愿。

本书将通过以上九章内容，详细为各位企业家阐述在企业发展过程中怎样通过资本知识及理论支持，使企业实现健康发展。

黄祖良

目　录

第1章

资本思维

思维也是生产力。一个实体企业要想进入资本市场，让自己的产业插上资本的翅膀腾飞，首先要具备资本思维。那么什么叫资本思维呢？本章我们从这个问题入手，深度解析传统思维与资本思维的差异，以及资本思维对企业发展的影响。

第 1 节　思路决定出路

我们做任何事情，在同等条件下，思维的不同导致的结果也将各异，所以思路决定出路。

什么是投资思维

农民种一颗葵花籽，长出一株向日葵苗，最后结出的葵花盘上能够有几百颗葵花籽（图1-1），也就是说种植葵花是以一博百。

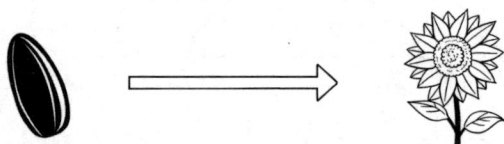

图 1-1　葵花种植及收获

上述案例表明，农民种地的思维与投资人的思维相似，我们将这种思维叫做投资思维。

什么是传统思维

与投资思维不同，传统思维内涵如图1-2所示。

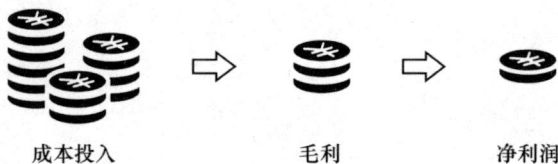

成本投入　　　　毛利　　　　净利润

图 1-2　传统思维示意

人们投入100万元的成本去做一个公司，毛利是20%左右，最后到我们手里的净利润只有5%~8%。

在同等条件下，企业用不同的思维来经营，产生的结果是截然不同的。

第2节 传统企业为何越来越难做

首先提出一个问题，为什么我们的传统企业越来越难做？难道是企业老板们不够努力吗？但我们会发现今天的企业老板比十年前还要努力。那答案到底是什么呢？

时代巨变，思维不变

走老路到不了新地方，如图1-3所示。

以银行为例，银行最初与用户的连接工具是存折，后来是银行卡和U盾，到现在大家普遍用的是支付App，即手机银行，我们出门只需带个手机就行了，这是银行业的发展。

再以企业的核心竞争力为例，20世纪80年代是"产品为王"，谁有好的产品，那谁就是老大，最典型的就是永久牌自行车与凤凰牌自行车。1993年到2005年左右是"渠道为王"，谁占尽了各省、市、县大量的渠道，谁就会赚钱，这时的典型案例是国美和苏宁。2005年到2013年是"流量为王"，依托的平台是百度、淘宝。而到了粉丝经济时代，很多企业的营销发展都是基于粉丝经济，企业之间竞争的是用户量。

过去企业经营最重要的是利润，现在企业最重要的是现金流，是企业的市值。所以，时代在变，我们的思维也要变，否则就会被时代所淘汰。

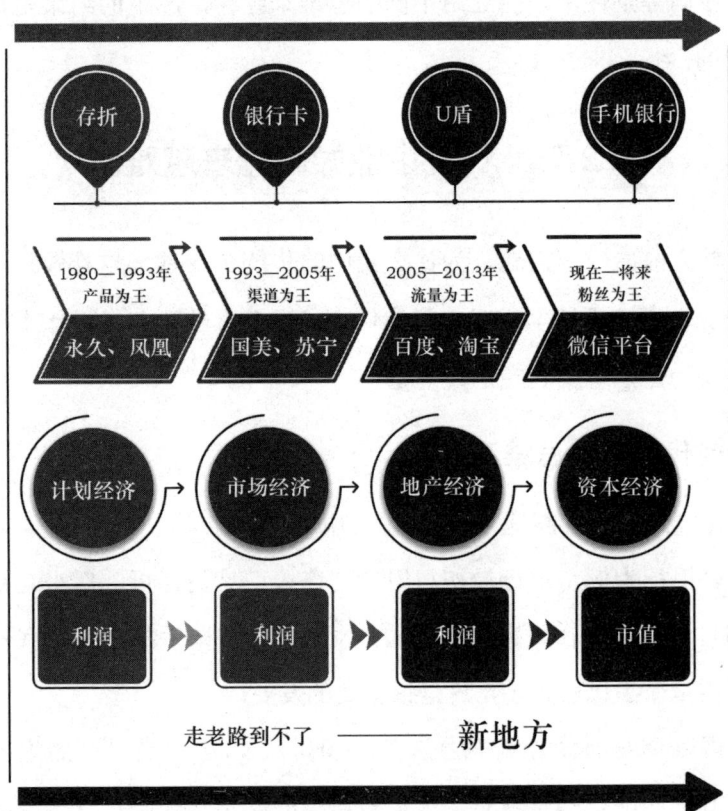

图 1-3　走老路到不了新地方

企业"鱼观"

大鱼吃小鱼、群鱼吃大鱼和快鱼吃慢鱼是三种鱼的命运形态，而这三种鱼的生态，恰恰代表了不同时代不同的市场生态，如图1-4所示。

图1-4　鱼的命运生态

过去的市场竞争模式就是大鱼吃小鱼，特点是单打独斗，焦点是怎样赚钱，但互联网及移动互联网的迅速发展，将这一模式变成了过去式。当今时代，再沿用过去单打独斗的方法和模式，往往会失败。

现在是社群思维、资源整合和抱团取暖的时代。企业通过社群思维、资源整合和抱团取暖，形成巨大的合力，在"大鱼"尚未反应过来的时候，迅速吃掉看似不可一世的大鱼，达到群鱼吃大鱼、快鱼吃慢鱼的效应，这是未来企业唯一的生存法则。

第3节　传统思维

二十年前：别人卖产品，你也卖产品；

十年前：别人卖股份，你仍卖产品；

当下：别人卖公司（并购），你还卖产品。

可怕的不是传统企业或行业，而是思维传统的人。在传统思维模式下，企业的发展模式三十年没有变化，但世界上一个永恒不变的法则就是"世界一直在变"。时代在变，环境在变，人也在变，不愿接受改变的人或企业，必将遭到时代的无情抛弃，被时代所淘汰。

当然，不能说传统企业不好，相反传统企业恰恰是我们国家的基础和国民经济的脊梁。我们这里真正要表述的是传统企业怎样与先进的思维结合，让传统企业插上新时代、新思维的翅膀，沿着新时代的风向标，焕发新的生机，开始新的征程。

传统企业的发展模型

我们来看一下传统企业的经营模型。一个传统企业从无到有需要经历如下几个过程，如图1-5所示。

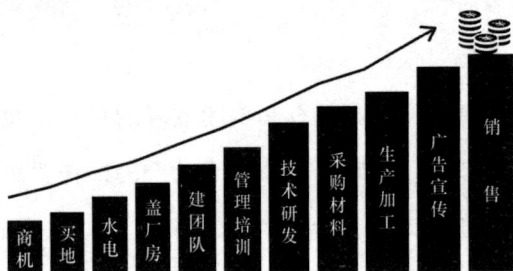

图 1-5　典型的传统企业模型示意图

大家仔细观察图1-5中的过程，看有多少个步骤是需要花钱的？答案很简单，全部都是！

除了非营利组织及社会价值以外，所有企业都得以营利为目的，可在上述模型中大家会发现，传统企业在发展的路上，只有一个环节是跟收钱有关的，就是销售，其他所有环节全部都是投入。以往接触的很多传统企业老板，他们一味地在强调自己的技术多么多么好，但投资者很清楚，技术好不等于会赚钱。从技术研发到采购原材料到加工生产到广告宣传到市场销售，即使所有环节都做得很好，只要销售做不好，那么再好的产品也变不成好商品，好产品会积压在仓库中，从而可能导致投资失败。

传统企业的销售模型

传统企业的销售过程如图1-6所示。

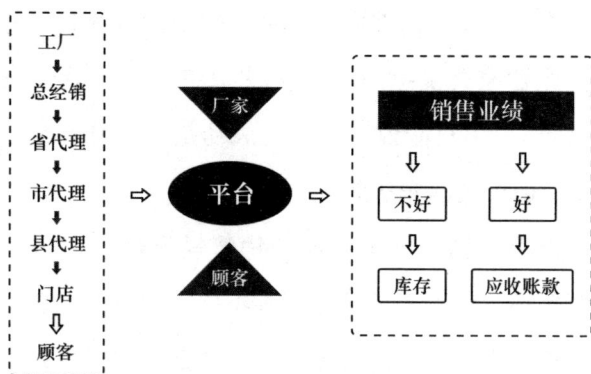

图1-6 销售环节示意图

传统企业的销售模型是：工厂→总经销→省代理→市代理→县代理→门店→顾客。

也就是说，传统销售产品要经过五个环节才能够到达顾客手中。我们想一想，企业的收入最终从哪里来？从消费者手中来。谁离消费者最近，谁就离钱最近。而传统企业的销售从工厂到消费者要迈过五道关卡，甚至更多，而关卡越多越难控制，且成本越高。

传统企业翻越了前面的五座大山，过五关斩六将地将产品生产出来，最后还要面对销售的大关。

销售的业绩不好，那么企业前面环节的投资都直接变成了库存。大家做企业管理都明白，库存对企业、对企业家意味着什么。

销售业绩好，假如2021年比2020年多挣1 000万元的净利润，可在企业多出 1 000 万元利润的过程中，2021 年比 2020 年可能会多出 3 000 万元的应收账款。用多出来的 1 000 万元的利润去抵消 3 000 万元中的 1 000 万元应收账款后，企业还是要背负 2 000 万元的更大开支，请问这 2 000 万元又从哪里来？

所以，传统企业永远都面临着现金短缺的状况。也有很多做得非常优秀的企业家会说："此观点有些危言耸听，我现在照样有几十亿元的身价"。那只能说明，你的成功是十年前或二十年前那个时代的成功，而今天已非从前。

以阿里巴巴为例，阿里巴巴的销售模型是：厂家→平台→顾客，前述销售环节的五个环节他们都不做。阿里巴巴拿把剪刀把总经销、省代理、市代理、县代理、门店全部给剪掉，只做阿里巴巴平台，通过这样一个简单的循环，跳过了所有的中间环节，直达消费者。说白了，就是只跟钱打交道，把钱收进来，阿里巴巴直接做了千千万万中小型企业的收银员。阿里巴巴可以卖十万家企业的产品，前面各个环节的所有的投资都让这十万家中小型企业投资，而阿里巴巴只做销售过程中的最后一个运作，这就是阿里巴巴的销售模式。

传统思维模式

过去的暴利时代已经一去不复返。如果你"像当年的实体店抵触互联网一样抵触金融"，你将永远地被时代所抛弃。

那么，传统思维模式有哪些特点呢？如图 1-7 所示。

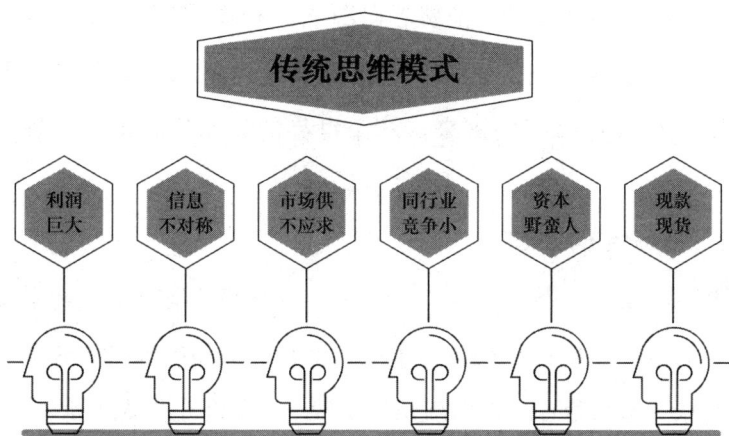

图 1-7 传统思维模式的特点

1. 利润巨大

某些行业的产品，20年前你投资20元成本，产品能卖到100元甚至更高的情况常有，但现在不同了。

一家制作发光二极管（LED）的企业，2011年之前投资10元的产品，销售价在32～48元之间。而2016年同样投资10元的产品，只能卖12～13元。以前投资10元钱能够赚22元，现在同样投资10元钱只能赚2元。22元和2元的差别是什么？是同样的产量、同样的销量、同样的规模，在2011年一年的净利润现在你得干11年。

因此，暴利的时代已经过去，微利的时代已经到来。即使再优秀的企业家也必须与时代接轨，否则成功只会属于过去式。

2. 信息不对称

由于20年前的互联网还不是很发达，那时只要有好的产品就不愁卖，但今天不一样了，消费者在淘宝、天猫、亚马逊上一搜，你家有的，其他家也有，而且价格还比你低。所以以前是信息不对称，随着自媒体时代的到来，这个世界的商业信息也变得越来越透明。

3. 市场供不应求

跟制造业老板聊天发现，以前买一台冰箱或洗衣机，转手卖五次还有利润。假如今天买台新车或一部新的液晶电视机后转手，往往会赔钱。原因是什么？以前是供不应求，现在是供大于求。

4. 同行业竞争小

以前是同行业竞争小，现在只要认为有钱赚，大家就往一条路上挤。

5. 资本野蛮人

假如甲某开一家店，一天的营业额有4 000元，乙某也开一家店，一天营业额只有3 000元，甲店的利润比乙店的利润要多。乙获得了融资，在接下来的半年时间内天天亏本甩卖，那甲店每天4 000元的营业额还能不能生存下去呢？所以现在优秀的商业模式叫做资本模式，投资人叫做资本野蛮人，这种模式叫做跨界"打劫"。

6. 现款现货

以前的生意模式是现款现货，而现在企业越跟更大的企业合作，账期就会越长。很多在亚马逊平台做销售的朋友都知道，销量越好，在这个平台积攒的资金就越多，压力就越大。如果你只有100万元、200万元的承载量，那么你如何去赚一亿元、两亿元承载量的钱？过去现款现货的模式现在已经变成了三角债模式。

2017年11月，阿里巴巴正式宣布收购大润发超市，大润发掌门人黄明端正式离职。时代在变，如果企业的经营思维不变，就注定会被淘汰。

第4节　转型向生

想成就一番事业，思维是前提，思维不对，努力白费。我们已经学习了做企业的几种思维模式，有了这些基础，我们再看一看，怎样从根本上作出改变，真正转变思维，从而找到一条正确的路，一条能够通往成功的金光大道。

打铁必须自身硬

在投融资的过程中，项目方的准确态度永远是："打铁必须自身硬。"即回归到我们自身的项目中来。但是，我们要把项目做好，并非一朝一夕之功。

我们要想在需要的时候能融到资，一定不是"临时抱佛脚"低姿态地去求投资人，而是要把自己的项目本身做得很好，能够挖掘项目未来的潜力，使之有巨大的升值空间，并把它表述清楚，让它符合投资人的口味。

水库式经营

松下幸之助曾提出过一个概念，即"水库式经营"。何为"水库式经营"？简单地理解，就是把企业的现金流准备得像水库一样充足。

请问企业的水库建在哪里？企业经营得不好，固然与经营者的努力不够有关，但更重要的是因为经营者思维的禁锢。

重资产和轻资产

典型的企业经营模式有两种，即重资产模式和轻资产模式，两种模式的企业运作方式截然不同，结果也会大相径庭。

1. 重资产模式

重资产是指企业所持有的如厂房、原材料等有形资产。重资产模式指企业在重资产方面有较大的资金投入，但获得的利润回报较少，利润率较低。大多数机械制造企业都是如此，资产折旧率高，而且一旦更新产品就需要更新生产线，资金投入大但利润回报低。

2. 轻资产模式

轻资产主要是指企业的无形资产，包括企业的经验、规范的流程管理、治理结构和制度、与各方面的关系、资源及资源获取和整合能力、企业的品牌、人力资源、企业文化等。轻资产模式，是以价值为驱动的资本战略，指企业紧紧抓住自己的核心业务，而将非核心业务外包出去，因此，轻资产模式的核心是"虚"的资产，这些"虚"资产占用的资金不多，显得轻便灵活，所以"轻"。

> 滴滴公司和出租车公司是出行行业，都是赚大众出行消费的钱，行业属性和工作性质都相同，只是资产类型及运营模式不一样。

轻资产模式的代表滴滴公司（以下简称滴滴），它用来运营的车都是社会上闲置的私家车，司机是注册滴滴、通过滴滴赚钱的私家车主，而成本投入的保养费、保险费、停车费、洗车费、油费、过路费、违章费等费用都不用滴滴公司承担，而是由私家车主承担，运营模式是通过互联网的平台帮助司机寻找客源，私家车主的收入先进入平台的资金库，然后再进行分配，这样不仅轻资产，平台还会多出很多现金流。

重资产模式的代表出租车公司，它用来运营的车是出租公司自己购置的车辆，司机是出租公司招聘的员工，而成本投入的保养费、保险费、停车费、洗车费、油费、过路费、违章费等一切费用也都由出租公司承担，运营模式是司机开车上街到处转，去寻找客人，不仅成本投资大、风险大，而且利润小。

从上述案例可以看出重资产模式和轻资产模式有以下区别：

（1）重资产模式资金流动性弱，轻资产模式资金流动性强。

（2）重资产模式利润率低，轻资产模式利润率高。

（3）重资产模式成本高，轻资产模式成本低。

（4）重资产模式现金流小，轻资产模式现金流大。

转变思维

在供大于求的市场环境下，企业要想成功，除了产品、技术过硬之外，经营者还需要转变思维。只有思维转变了，经营者才能找到一条正确的转型出路。

企业转型一定要具备以下几个要素，如图1-8所示。

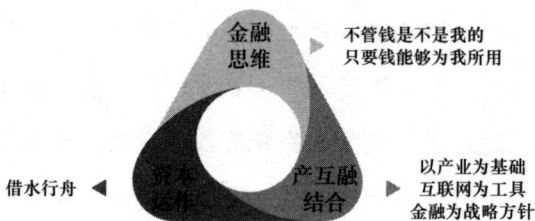

图 1-8　转型出路示意图

1. 金融思维战略

一个企业在创办之初，经营者就要有金融思维。只有这样，企业运作才能够有高的起点。金融思维战略也可以简单地理解为现金流思维，即"不管钱是不是我的，只要钱能够为我所用"。很多互联网企业就是现金流思维。

2. 产互融结合战略

以产业为基础，以互联网为工具，以金融为战略方针，将三者有机地结合起来，我们才能够形成一个自己企业的巨大的发展磁场，这个磁场有"打铁必须自身硬"的坚实的产业作为基础，有互联网作为支撑的没有时间和空间限制的无限疆域，有金融这个有力杠杆。以此为战略，企业就会站到一个发展制高点上，并且有良性的、超常规发展的基础。

3. 资本运作战略

资本运作就是整合、整合、再整合，就是借智、借势、借资源，把"借"字发挥到极致。

企业通过资本运作，让这些钱产生更多的价值和利益，本钱我可以还给你，甚至作为回报还可以给你超过市场的利息，但是资产增值的大部分份额是属于运作的主体所得，这就是资本运作。银行就是典型的资本运作思维模式。

这个世界唯一不变的事情就是"每时每刻都在变化"，你可以拒绝改变，但你的对手不会，任何人拒绝改变的必然结果都是被时代所淘汰。

> 高鑫零售旗下的欧尚、大润发两大品牌在29个省、自治区、直辖市都开设了大量的大型超市及大卖场，年营收额超1 000亿元，市场份额连续多年保持国内零售行业第一。
>
> 2017年11月20日凌晨，阿里巴巴集团正式宣布：阿里巴巴集团将投入约224亿港币，直接和间接持有高鑫零售36.16%的股份。

收购之后，大润发原董事长兼首席执行官（CEO）的黄明端离职，他说："我们打赢了所有对手，却输给了时代。"这和当年手机巨头诺基亚老板所说的话几乎一样，没有做错什么，就已经输了。事实上，从根源来说，这些企业就是因为经营者的思维没有跟上时代的步伐。

> 有一个农场主，他很想发财，就跟财神说："财神啊，你能够给我很多钱就好了。"财神问他："你有了钱之后，想做点什么？"农场主告诉财神："我有了钱之后，我要把所有收割水稻的镰刀换成金子的。"财神沉默无语。

从这个小故事中，我们看到思维不变是多么恐怖的一件事情，农场主有钱以后除了要把所有收割水稻的镰刀都换成金子的，其他没作任何改变，那么有了钱对他的农场后续的发展有没有发挥作用呢？答案显然是"没有"。在当今时代，企业要想做好做大做强，就必须有资本思维，就必须用资本思维去驱动企业的发展，只有这样才能做到事半功倍，超常规发展。

第5节　理解金融和资本

经营者要想实施资本战略，只转变思维还不够，还必须理解金融、理解资本，了解融资过程中投资人是怎么想的，他们青睐什么，而我们作为项目方又要怎样做，所谓"知彼知己，百战不殆"。

了解金融

与传统生意的模式不同，资本模式让资金具有了"流动"的特性。如果企业的资金不能流动，那么企业就会"有钱也难过"。

金融是货币资金融通的总称，指货币的发行、流通和回笼，货款的发放和收回，存款的存入和提取，汇兑的往来以及证券交易等经济活动。

概括起来金融有三个主要特性，即收益性、风险性和流动性，如图1-9所示。

收益性　　　　风险性　　　　流动性

图 1-9　金融的特性

（1）收益性。收益性是指通过投资可以获得价差收入或实现资产保值增值，赚取价差利润。

（2）风险性。风险性是指资金的持有者在其投资等资本运作过程中可能产生经济利益损失的特性。

（3）流动性。流动性是指资产能够以一个合理的价格顺利获利的能力。它是一种所投资的时间尺度（卖出它所需多长时间）和价格尺度（与公平市场价格相比的折扣）之间的关系，比如股票的流动性大于房地产。

以前企业家相互比的是"我有多少钱"，这就是在比资产和身价；而缺现金流的企业家"有钱有时也会感到无能为力"，尽管他们有身价、有资产，也可能会很难过。为什么？因为他们把钱投入重资产里面去了，投入地皮、厂房、场地租金、机器设备、员工工资、产品库存等上面去了，而且还有大量的三角债，生意在做，但资金却回不来。假如某企业家有1亿元的资产，在银行贷款1亿元，这时他就拥有了2亿元，但如果这2亿元压在地皮里，且工厂生产出来的产品卖不出去，那么企业可能面对资金链断裂的窘境，企业甚至可能会因此而破产倒闭。

无论采用什么商业模式，企业在追逐利润的同时，必须要做现金流，否则无论企业的资产有多少，企业家的身价有多高，都会缺钱，这就是市面上出现了银行、担保机构、投行及当铺的原因。如图1-10所示，金融流动性衍生了金融机构。

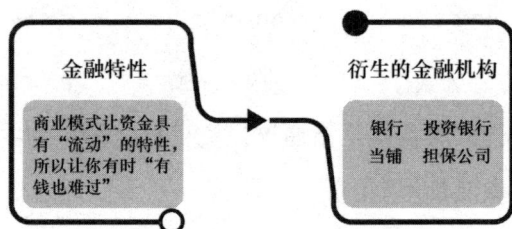

图 1-10　金融流动性与金融机构的关系

这些金融服务机构本身并没有价值，他们存在的原因就是为了解决企业或个人资金的流动性。

投资人的本质

项目方往往不能真正定义投资人的真实立场和身份。遗憾的是，几乎所有的项目方都把投资人看成了"慈善家"，以致项目方与投资人对接时，讲的更多的是企业有多么缺钱，多么需要资金的帮助，但投资人的本质是"无利不起早，不见兔子不撒鹰"。

谈到投资人，不得不谈吕不韦。吕不韦被认为是古今中外历史上最成功的天使投资人之一。

吕不韦到邯郸去做生意，见到在赵国做质子的秦王孙子异人后大喜，说："异人就像一件奇货，可以囤积居奇，以待高价售出。"这就是"奇货可居"典故的来历！

> 经过吕不韦的不断运作，一个被抛弃在赵国的质子，回归秦国后改名为子楚，继承秦国王位，也就是后来的秦庄襄王。
>
> 吕不韦投资异人总共不过千余金，但在成就了异人后，却官拜战国末年秦国丞相，真正成了一人之下万人之上之人。

投资人本质上就是商人，投资方的钱也是通过多种方式募集来的，所以这些资金本身就是有成本的。假如当初的异人不是有"秦王孙"这个政治资本，吕不韦显然不会投资他。同样，不管什么企业，哪怕是一家上市公司，当它缺钱或者经营不善的时候，股民们也不会纯粹地为了帮这个上市公司而选择买这只股票。投资人是商人而不是慈善家，投资人都希望所投资的项目方是具有成长潜力的企业，是能帮助自己赚钱的企业。

投融资双方的角色错位

投资、融资的过程中，大家经常会遇到这样的问题，即融资项目方与投资机构方是一对矛盾体，两者本质上是对立的，这种情况在融资和投资成功前表现得更明显，这种矛盾的根源在于投融资双方的角色错位。

1. 融资的技术性错位

现实中会有很多项目方本来有很好的技术和团队，商业模式也不错，但往往融资工具准备得不充分，甚至有的人拿着两张 A4 纸就去找投资人，想融几千万元，这基本上是不可能的。

由于项目方缺乏系统的资本知识，不能把自己的好产品、好技术向投资人表达清楚，并留下深刻的印象，可能会让投资人误认为该项目不具备投资价值，他们甚至会把融资方当作乞讨对象来看。最后的结果就是项目方对投资人说："你再听我讲一遍就明白了。"投资人说"没时间。"这时项目方往往抱怨投资人"你不懂我"，投资人则厌烦项目方"你是个疯子，异想天开"，从而落得个不欢而散、融资失败的下场。

有些企业融资失败，是因为缺乏系统性金融知识与技术，这种错位最终使得项目方和投资人之间"你不懂我，我也不懂你"，永远都没有交集。

2. 融资的阶段性错位

投资界最开始一般是创业投资（VC投资），接下来是B轮、C轮，甚至D轮和E轮，最后的临门一脚叫做私募股权投资（PE）。投资机构有各自的阶段限定，基金规模决定了可投资的额度，各机构又有自己针对性的投资领域。有些互联网行业的初创企业因为不懂这些知识，前期自己投资了几十万元做了个App，估值高达几十亿元。投资机构问他融资多少钱呢，释放多少股份呢？他说要几千万元。在企业比较弱小的时候就漫天要价，这是典型的阶段性错位，如图1-11所示。

图 1-11 融资的阶段错位示意图

最开始给你投资的可能是你的亲戚、朋友、战友或同学，金额一般都不太大。当企业到了发展期、成熟期，需要的投资不是几十万元、几百万元，而是几千万元甚至几亿元，这时仅凭借商业模式往往已经不管用了，投资人需要看企业的财务数据、财务报表。假设你要融资1亿元，投资人一定会要求看企业的财务报表，假如企业一年的净利润就有3 000万元或5 000万元，他投还是不投？答案肯定是投！而且在这种情况下，任何投资人都会投，因为财务数据证明了企业的实力。

初创企业，投资人关注的重心在商业模式和顶层设计。当企业做大了，就会需要比较多的资金，可能需要几千万元、几亿元，这时就要看财务数据。

投资人在想什么，投什么

知己知彼，方能百战不殆。企业家必须要知道投资人在想什么、青睐什么样的项目标的，只有这样，才有可能融资成功，否则机会渺茫。

简单地讲，投资人在判断是否投资的时候，只看两点：一是企业的增长趋势；二是风险把控。

买股票的心理就是典型的投资心理，股民就是投资人。刚买进股票时的心理是只盼望所买的股票会涨价升值，也就是说关注的是股票的增长趋势。接着股民就会担心自己买到垃圾股，一旦它跌下去，连本钱都收回不来。同样的道理，投资人永远最关注两点：一个是增长趋势，另一个是安全退出。

投资人到底投什么？这里有五个方面的参照，它们的顺序是按照严格的投资逻辑顺序来设计的，如图1-12所示。

图1-12　投资的五个方面

1. 净利润

融资的时候企业是赚钱的，比如一年有1亿～2亿元的净利润，估值合理的情况下投资人投还是不投？在环保和政策都满足条件的情况下，企业能够做到这点，投资人肯定会投，因为投资人最青睐净利润高的企业。环境如此恶劣，竞争如此激烈，在这种情况下，企业要获得大量的净利润，是很难的事情。

2. 现金流

如果净利润不太理想，我们怎么办呢？这时我们要退而求其次，做现金流。

京东在2016年才开始盈利，但在此之前为什么有大量的投资机构趋之若鹜地给它投资呢？因为京东本质上也是个"卖场"，而这个"卖场"和普通的卖场不同的是，所有人的货款都留在平台上，虽然这钱不是平台的钱，但他有对这个钱使用的权利，所以京东永远都不缺现金流，因此投资人都愿意并喜欢给它投资。

3. 市场份额

如果现金流也不太好看，那我们就做市场的份额。比如快递公司中的顺丰，为什么有如此高的估值？因为每栋高楼大厦中都有顺丰快递小哥的身影，它已经有了超高的市场份额。当年互联网出行的两大平台之争及共享单车两大品牌的争夺战，本质上都是在抢占市场份额，因此市场的份额对企业融资的成功与否也至关重要。

4. 专利

假如是初创公司，市场份额占有率也不是很高，那就看你有没有专利，当然这个专利必须是正规的，由国家知识产权局发出来的专利。

5. 技术

投资人最后才关注技术。有好技术，要转化成市场上的通用产品，不但需要资金，还需要时间，以及市场人员的推动。在投资人眼中，好商品才有投资价值，而好商品不等同于好产品，好产品只是好商品的基础，销量好的产品才叫好商品，并不是所有质量好的产品都能变成好商品。所以，如果想靠技术和团队获得投资人的青睐，必须要讲清楚，技术转化成商品的路径，并且你已经做出了一些销量上面的成绩。

项目方该如何做

知道了投资人在想什么、投什么后，接下来我们看一看项目方应该怎么做。

通常情况下，项目方的硬伤如图1-13所示。

图 1-13　项目方的硬伤

1. 顶层设计

如果顶层设计不对，即使企业当下能赚点小钱，未来也是"长"不大的，甚至很大概率会出现风险。顶层设计出了问题，就如同建造高楼大厦没有打好地基，后面章节我们会详细讲解如何做好企业的顶层设计。

2. 商业模式

有的项目产品好，技术也很好，市场资源也非常有优势，但是由于缺少系统的规划，项目不聚焦，缺少一个有核心竞争力的商业模式，从而无法体现市场竞争优势及盈利优势。

3. 估值方法

80%的企业家不明白自己企业的估值是怎么来的，他们的企业估值有太多的"大概、可能、差不多"等成分。

为什么你的企业值两亿元？这个数值是怎么来的？其实估值有严谨的方法，通常有现金流估值法、成本估值法、市盈率估值法及对标估值法等，不同的项目可参照不同的方法进行估值，这些方法我们将会在后面的章节中详细阐述。

估值有很多方法，但绝对错误的方法就是凭主观估计的方法。

4. 资本路径

一个企业走资本之路，必须要有顶层设计师提前规划一条资本路径，企业融资一定严格按照此路径执行，其内容包括融资的轮次、融资的对象、融资的金额等详细规划。资本路径规划一定要同市场发展规模同步，融资不仅仅是融资金，同时也是在融渠道、融市场。

5. 路演技巧

有些优质项目，由于缺乏策划，缺乏路演人员、路演技巧等，项目方不能向投资人表达清楚项目的优势，结果使所有的投资机构都对之不闻不问，导致项目与资本擦肩而过。

6. 退出通道

投资就是为了满足一定盈利目标后的成功退出，有的项目方不给投资人留出退出通道，投资人会感觉很害怕，所以退出通道一定要留。

投资退出通道一定要认真进行设计，退出时间、退出价格、换手率等，这些条款都必须阐述明白。

投资如何退出

国内现有的资本理论和知识大都来自西方国家，退出通道也是一样，如上市、并购、接盘、大股东回购等，但如果你只是空洞地谈这些，投资人会认为你说的没有用，这就是投资人眼中的退出无用论，如图1-14所示。

图 1-14　投资人眼中的退出无用论

1. 上市

当我们问一个项目方，你知道在哪里上市吗？交易所选好了吗？你知道上市要达到什么样的标准要求吗？净利润要达到多少吗？你团队里面有专门从事资本运作的人才吗？通常连问三个问题项目方就接不住了，这说明这个上市计划，只是自欺欺人罢了，聪明的投资人也不会相信，因为能达到上市要求的公司数量实在太少。

2. 接盘

我们再次强调，融资是一个战略布局，而不是缺钱、找钱那么简单，也不是扶危救困。如果企业在现金流已经很紧张了，到了濒临资金链断裂的边缘，甚至连员工的工资都已经发不出的时候去找融资，指望别人来接盘能行得通吗？下一轮谁来接，多少钱接，什么时候接？项目方连基本路径都没有，下一轮接盘在哪里都不知道，投资人肯定不会心甘情愿地做"接盘侠"。

3. 并购

被什么样的公司并购？同行业里面有几个上市公司？想要被同行公司并购，你知道上市公司喜欢并购什么样的标的吗？一个既没有净利润，也没有固定资产的公司，上市公司一般是不感兴趣的。项目方如果连这些都没有调查清楚，所谓的并购，就显得苍白无力。

4. 大股东回购

战略规划不清晰，资本路径没有规划，这就注定了企业在三年之后还是会缺钱，大股东又从哪来的资金回购呢？所以，大股东回购的退出描述在投资人的眼里也不具备说服力。

第6节　资本战略

著名经济学家乔治·斯蒂格勒认为，一个企业通过兼并其竞争对手的途径成为巨型企业，是现代经济史上的一个突出现象，几乎没有一家大企业主要靠内部扩张成长起来。

兼并用的是什么？答案是资金。资金从哪里来？答案是融资加资本运作，这就要求企业老板必须要有资本的思维、资本的规划及资本的路径，因为企业不是只靠一次买卖就能做成足够大的体量。

资本是企业发展的杠杆

某著名国企一位领导曾说，一个企业要想取得成功，诀窍在行业之内，机会在行业之中，成功在行业之外。

企业要想成功，不仅仅要专注于业务市场，还要关注产品质量、团队管理、技术研发、宣传广告等领域。做技术出身的老板要对市场敏感，更要进一步对资本敏感。

国内外的成功公司大多是上市公司，上市公司在交易所以发股票的形式来交易和买卖自己的公司，但大多数的公司只是产品思维和技术思维，只关注把产品做出来，至于生产出来以后到底有没有人买，却无法控制。产品维度再上一个维度是市场思维，就是要将产品卖出去，并尽量争取大的市场份额。最高维度是资本思维，通常情况下，没有资本思维的主导，企业就很难发生从量变到质变的转变。

中国有两个著名的典故，一个叫"四两拨千斤"，一个叫"贪心不足蛇吞象"。前者是初见于太极拳《打手歌》："任他巨力来打我，牵动四两拨千斤。"说的是顺势借力，以小力胜大力，泛指以巧胜拙、以智胜蛮的各种太极击法。而后者出自《山海经》，比喻人心永远不能满足，贪心太重，就像蛇一样，想把一头大象吞掉。在传统的思维中，后者绝对是贬义的，但如果将看似风马牛不相及的两个典故联起来，把它们的内涵运用到企业的融资兼并的实际操作中，则"蛇吞象"就不再是梦想，而可能是现实。

"蛇吞象"虽然有困难，但蛇通过缠绕的方式将象困住则是完全可能的。如果把传统企业比作大象，借助资本杠杆的现代企业相当于蟒蛇，通过"四两拨千斤"，就有机会实现以小吃大的梦想。

企业的两种循环

企业的两种循环形象示意图，如图1-15所示。其中实线形成的循环称之为"产品运营循环"，虚线形成的循环称之为"资本运营循环"。

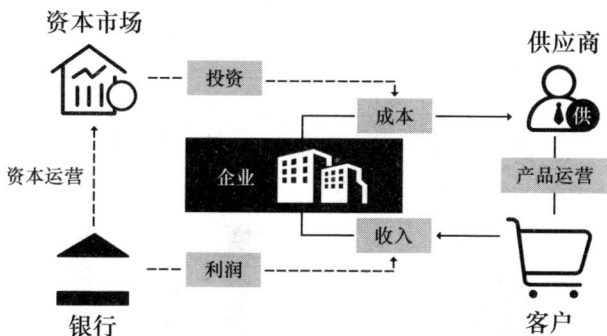

图1-15 企业的两种循环形象示意图

1. 产品运营循环

产品运营循环的企业以产品为核心，这种运营模式是围绕着产品，先从供应商手中采购原材料进行生产，生产出的产品投放市场进行销售，销售后形成收入和利润再向供应商购买原材料，形成一个闭环循环，始于供应商又终于供应商，周而复始。由于这种企业运营的特征是围绕产品进行循环，故称之为"产品运营循环"。

2. 资本运营循环

资本运营循环是企业本身被当作一个产品，这种运营模式是围绕企业，先到资本市场去融资，融资后购买原材料进行生产，生产的产品进行销售，形成利润再回到银行，最后回到资本市场融资，形成一个闭环，始于资本市场又终于资本市场，周而复始。由于这种企业运营的特征是围绕资本进行循环，故称之为"资本运营循环"。

企业的两种战略

企业怎样才能凭借先进的技术快速地占领市场呢？通常有两种战略，如图1-16所示。

爬楼梯战略
产品运营，凭自身积累发展壮大

乘电梯战略
资本运营，凭资产并购迅速扩张

图1-16　两种战略示意图

1. 爬楼梯战略

传统的思维是靠买卖、靠销售来拓展市场的，也就是说是靠原始的方式进行积累，由于这种战略下企业投入大、发展却比较慢，像爬楼梯一样，因此我们将其称为"爬楼梯战略"。

2. 乘电梯战略

资本思维是指借助资本的力量来发展企业，就相当于我们要去一栋高楼大厦的顶层，坐电梯几分钟就能够到达。由于采用资本战略能够使企业迅速扩大市场从而使企业能够快速发展，因此我们称为"乘电梯战略"。

企业间的竞争首先是战略的竞争，通过对以上两种战略进行比较，结果显然是"乘电梯战略"拥有更强的市场竞争力。

企业的两极分化

企业发展与资本的关系是越发展越需要钱，同时越有钱越容易发展；资本可以促进发展，而反过来，发展又促进了资本的增长。毫无疑问，未来的企业可能会呈严重的两极分化，所以为了不被淘汰，我们必须要有资本思维。

越有资本思维，越乐于和善于利用资本，一旦获得了第一笔资金，企业就能不断地扩充它的产业链，规模就会越做越大，企业就会越来越强，然后也会获得越来越多的资本青睐。而真正缺少资金的企业，没有外部资金的支持，就可能会发不出工资，租不起场地，拓展不开战略、优势及渠道，在这种不利情况下，这些企业只能越来越萎缩，越来越简化，从10 000平方米的办公室变成1 000平方米，再变成100平方米、10平方米，人员从1 000人减到100人，100人再减到10人，直至最后倒闭。因此未来的企业会是大的越来越大，强的越来越强，而小的会越来越难以生存，最终被淘汰。

那么，企业家拥有怎样的思维才能够使得企业越来越大、越来越强呢？我们通过图1-17来看一下导致企业两极分化的两种思维。

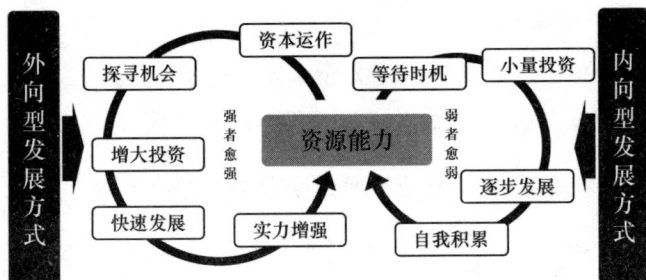

图 1-17　企业的两种思维示意图

1. 内向型发展思维

内向型发展思维是指由于企业没有资金所以只能等待时机，一旦有了时机，企业家会进行小量的投资推动企业逐步发展，是一种典型的自我积累，因此我们称这种思维模式为"内向型发展思维"。

2. 外向型发展思维

外向型发展思维则不同，企业家从一开始就具备资本运作思维并不断寻找机会融资，融到资后再扩大投资规模使企业快速发展，从而实力大增。由于这种思维不局限于企业内部，而是借助于外界的思维和资源，因此我们称这种思维为"外向型发展思维"。

由于这两种思维的企业发展方式不同，所以它们的资源能力的差距就会越来越大，因此也就不可避免地造成了强者愈强、弱者愈弱的两极分化结果。

企业的三维竞争

资本的竞争是战略的领先，市场的竞争是空间的领先，技术的竞争是时间的领先，如图 1-18 所示。

图 1-18 企业三维竞争示意图

许多企业老板说自己的技术多么好，但他们中的不少人忽略了技术是需要不断更新迭代的，比如所有的软件都会隔段时间就升级一次，如果不能及时迭代，领先优势马上会荡然无存，所以好的技术只能在一个时间段保持领先，如果你不能快速地占领市场，技术再好也会失去意义。

纵观世界500强企业，大多是依靠资本运营发展起来的。几乎所有的公司都是用资本杠杆撬动并助力企业快速的发展从而成为行业霸主的。例如，滴滴打车（简称滴滴）与快的打车（简称快的）进行合并之后的滴滴出行是从一开始就布局资本路径，才能够迅速崛起、后来居上，成了出租车行业的领导者。遗憾的是98%的公司是缺钱的时候才想起找资金，而不是从一开始就规划资本路径。

我们梳理一下滴滴、快的及合并之后的滴滴出行的资本路径，如图1-19所示。

我们从图1-19可以得出以下几点结论：

（1）从2012年滴滴和快的首次融资开始，至2016年6月滴滴出行的G轮融资，期间进行了密集的融资。

（2）即使是滴滴出行这样的独角兽，最后动辄融资几十亿美元，起初的融资也是从 16 万美元，也就是约 100 万元人民币开始的，所以融资切忌指望一口吃个胖子。

（3）2015 年至 2017 年，滴滴出行两年合计融资上百亿美元，从这点可以看出，融资不是为缺钱而融，而是为战略和布局而融。融资是战略规划和布局。如果你想开公司，那么你准备经过几轮融资，这需要严格规划，使资金引动资源。滴滴出行的各轮融资，引动了腾讯、阿里巴巴、经纬创投、中国平安、中国人寿等十几个顶级资源的投资，所以它能够快速地成长。

（4）融资成功，其中一个很关键的目的是确认当下估值的合理性，为了不断地把估值做大，以吸引更多的资金和资源。

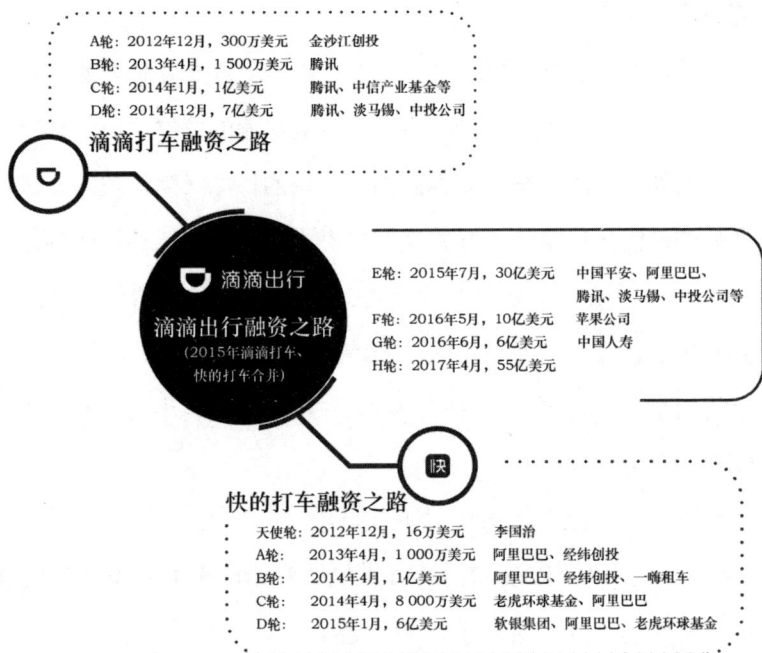

滴滴打车融资之路
A轮：2012年12月，300万美元　　金沙江创投
B轮：2013年4月，1 500万美元　　腾讯
C轮：2014年1月，1亿美元　　腾讯、中信产业基金等
D轮：2014年12月，7亿美元　　腾讯、淡马锡、中投公司

滴滴出行
滴滴出行融资之路
（2015年滴滴打车、快的打车合并）

E轮：2015年7月，30亿美元　　中国平安、阿里巴巴、腾讯、淡马锡、中投公司等
F轮：2016年5月，10亿美元　　苹果公司
G轮：2016年6月，6亿美元　　中国人寿
H轮：2017年4月，55亿美元

快的打车融资之路
天使轮：2012年12月，16万美元　　李国治
A轮：2013年4月，1 000万美元　　阿里巴巴、经纬创投
B轮：2014年4月，1亿美元　　阿里巴巴、经纬创投、一嗨租车
C轮：2014年4月，8 000万美元　　老虎环球基金、阿里巴巴
D轮：2015年1月，6亿美元　　软银集团、阿里巴巴、老虎环球基金

图 1-19　滴滴出行的资本路径

第2章

产互融结合战略

产互融结合就是以产业为基础，以互联网为工具，以金融为战略的企业快速发展及转型的战略，这里的"产"指的是实体企业实物产品，"互"就是互联网平台工具，"融"就是金融手段及资本思维。

平常企业生态中，经常存在两种现象：其一就是踏踏实实做实物产品的企业，有高品质的产品，但企业老板不会宣传产品、缺少互联网工具、缺乏金融思维，导致非常好的产品积压库房，企业资金链断裂；其二是企业老板过于擅长宣传，也有较强的金融思维，但没有实物产品。这些要么会说、要么会做，这两种类型的企业都很难发展。

未来的独角兽型的企业一定具备以下几个特质：

（1）以产业为基础，有质量过硬的产品。

（2）以互联网为工具。互联网发展到今天，大家如何来定义互联网呢？笔者认为，除了媒体功能之外，互联网还是一个拓客的工具，一个管理的系统和一个大数据的承载平台。用好互联网这个工具，企业就相当于有了一艘航空母舰，上面可以搭载很多的实体产品，可以吸引全世界的客户，可以实现跨界"劫客"，也可以实现跨区域销售，使企业实现爆炸式增长。

（3）以金融为战略。即以金融的思维来作企业运作，作资本运作，作商业模式的设计。

第1节　企业新思维

对于企业来说，这是一个让人眼花缭乱、抱团取暖、更新重组的时代。在这样的时代，企业唯有不断创新思维，才能更好的生存和发展。

企业的三"世"境界

传统企业关注"赚钱"，投资机构也关注"赚钱"，但更关注"值钱"。仔细看图2-1所示的三张图，你第一时间想到了什么？

做事　　　　　　　做市　　　　　　　做势

图 2-1　企业的三"世"境界示意图

看似简单的三张图，实际上玄机暗藏，因为它们代表了三种不同的企业经营理念：做事、做市和做势。采用哪种理念将决定企业经营方向和经营格局，从而决定企业的命运。

1. 做事

做事就是前述的企业经营的基础，即做好事情的本身，做好实实在在的产品或服务，同时它也是传统企业的运作模式，努力挣钱。"挣"字拆开后字面意思就是"用手争取"，拼的是硬实力。

2. 做市

做市就是做市场，指企业或者代理商利用渠道、资源、媒体和平台，让更多的人知道自己的企业，让更多的人买企业的产品或服务，让自己的产品或服务的市场最大化，从而让自己赚钱。

现在做市场的最佳工具就是互联网，通过互联网高效快速的裂变效应，迅速地将自己的产品或服务的市场最大化，让企业发展得更快更强。

3. 做势

做势就是利用金融思维让企业的价值增长，叫"值钱"。比如上市公司通过并购让市场知道这一利好，企业的股票就可能会连续几个"涨停"，企业的市值可能会瞬间增长几亿元、几十亿元，甚至数百、上千亿元，从而让企业的价值增长。

这就是企业生存的三个境界，本书中称之为企业的三"世"境界。用物理学的杠杆原理来解析三"世"境界，做"事"没有用任何杠杆，做"市"用了市场杠杆，而做"势"则用了市场和金融的复合杠杆。按照这一原理，三种境界的结果不一样也就不足为奇了。

企业的最高境界是兼顾做事、做市和做势，其中做事是基础，做市是关键，做势是目的。只有这样，企业才会获得真正意义上的成功。

按照前述的产互融战略的定义，做事就是"产"，做市就是"互"，而做势就是"融"，所以"做事、做市和做势"就是"产互融战略"的另类诠释。

时代风口

自古有个成语叫作"风口浪尖"，所谓风口就是风向标，所谓浪尖就是弄潮儿，这个成语充分诠释了无论什么时代，企业都应该与时俱进，顺应时代发展，并引领时代，做时代的弄潮儿。

每个时代都有每个时代的风口，随着这些风向标顺势而为，企业才有可能成功，否则就必然被时代所淘汰。

纵观1978年改革开放后的我国经济发展历程，以10年为一个周期，可概括为以下几个阶段。

第一阶段（1979—1989年）：敢打、敢拼、敢尝试的时代。这是我国市场经济开始起步和探索的阶段，其中1979年又称市场经济的元年，这个阶段基本是摸着石头过河，政府给足了政策和自由度，几乎可以说机会大把，很多人在这个阶段获得了人生中的第一桶金，但大多数人后知后觉。

第二阶段（1989—1999年）：技术为王的时代。我国很多著名的传统公司是从这个阶段开始起步，如长虹、春兰、海尔、海信等企业都是从这个阶段开始发力，从而一举奠定行业中的龙头地位。

第三阶段（1999—2009年）：互联网时代。其中标志性的事件是阿里巴巴、腾讯、搜狐、网易、新浪、京东及百度等互联网公司的创立，也正是从这一阶段开始，这些公司确立了在我国互联网行业的江湖地位。

第四阶段（2009—2019年）：移动互联网时代。从2010年5月17日的"电信日"开始，移动互联网彻底从神坛走向了生活。《2010年中国网民手机上网行为研究报告》显示，截至2010年12月底，我国手机网民规模达3.03亿人。

第五阶段（2019—2029年）：5G时代。2019年6月，工信部向中国电信、中国移动、中国联通、中国广电发放5G商用牌照，标志着我国正式进入5G商用元年。2022年10月20日，中国电信、中国移动、中国联通三大运营商陆续公布了5G套餐用户数量，截至2022年9月，中国移动5G套餐用户数达到约5.57亿户，中国电信

5G套餐用户达到约2.51亿户，中国联通5G套餐用户达到约2.01亿户，总计突破10亿户。随着5G时代的到来、普及和发展，我国又将进入新的经济周期，移动互联网将进入新纪元。5G将改变我们未来的生活方式，将我们生活的很多方面互联网化和智能化。同时可以肯定的是，企业必须创新思维，才能够在5G时代更好地生存和发展。

前述的敢打、敢拼、敢尝试，技术为王，互联网，移动互联网及5G等就是时代风口，企业把握住这些风口，就是顺应了时代，就有可能成为弄潮儿。

专业人做专业事

结合前述的企业的三"世"境界，在企业经营管理中，不少企业老板的强项是做"事"和做"市"，做"势"却是短项。

以篮球为例，"做篮球"和"打篮球"两种状态，形象地说明在企业运营过程中什么叫作"专业人做专业事"，从而让企业发展得更好，如图2-2所示。

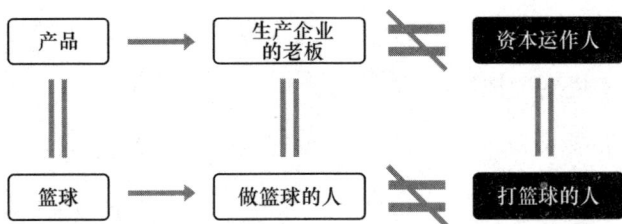

图2-2　会"做篮球"未必会"打篮球"

如果把市场上千千万万的产品比作"篮球"，那么生产企业的老板们就是"做篮球"的人，而资本运作人就是"打篮球"的人，但就像会"做篮球"未必会"打篮球"一样，生产企业的老板未必会资本运作。

比如，许多老板在他们所在的行业和领域可能是出类拔萃的技术专家，甚至同时是管理专家，但却未必会品牌策划，未必会市场开发，未必会资本运作。

一个好的企业领导，未必在做事、做市、做势等三"世"方面都是专家，但其团队中必须要有擅长这些领域的人，这就是好的团队中要有技术、市场与销售、运营、人力资源及财务与资本等方面专家的原因。

要想把企业做好，"专业人做专业事"至关重要，而要做到这一点就要会用人，所以会用人是成功企业家必备的本领。

新企业观

当今企业要兼具三"世"境界需具备怎样的新企业观呢？

如图2-3所示，我们看到未来经营企业的新思维不是一个，而是许多个新思维集合在一起，包括全球思维、平台思维、生态思维、产品价值思维、互联网思维、金融思维、整合思维、轻资产思维和模式制胜思维。

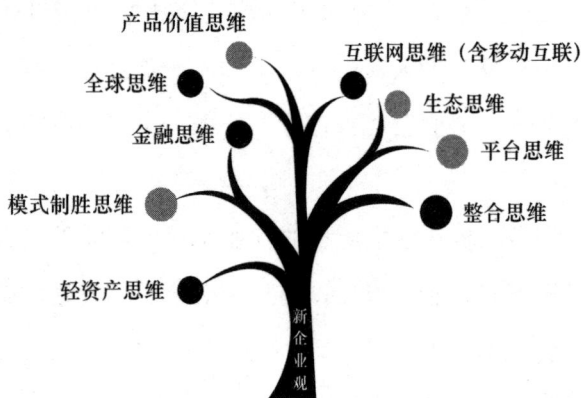

图 2-3　新企业观示意图

1. 全球思维

从2001年12月中国加入世贸组织（WTO）开始，我们就时时刻刻生活在WTO的情境中。也正是从那时开始，中国企业的竞争就是国际化的，所以未来企业要制胜，企业家必须要有全球眼光和视角。

2. 平台思维

为什么阿里巴巴、京东、百度等互联网企业能够保持长期增长？因为它们都具备一个共同特点：不是做产品，而是做平台。

3. 生态思维

为什么腾讯、小米等企业发展非常快，除了模式制胜外，它们共同的特点是"做生态"。

4. 产品价值思维

一些国家由于长期实施以金融、服务等第三产业为主的国策，导致其实体经济严重空心化。为了重塑竞争优势，将"再工业化"作为重要的国家战略，推出了一系列发展新兴产业、鼓励科技创新、支持中小企业发展等政策和措施，努力推动实体经济回归，这标志着产品价值思维的回归。从企业的视角来看，产品价值思维就是企业以产品价值为核心竞争力，始终关注并不断推动产品价值的增长。

5. 互联网思维

特别是互联网思维中的O2O思维，将是未来主流的商业思维。O2O思维是指将线下的产品或服务与互联网结合，在产业链中，既涉及线上又涉及线下，就可通称为O2O。

6. 金融思维

金融思维是指基于对金融制度、金融业务等方面的深入理解，在企业运营中更加敏感地感知到金融环境的变化，同时更加智慧地使用金融工具，比如增长思维、杠杆思维等都属于金融思维。

7. 整合思维

"整合思维"是多伦多大学罗特曼管理学院院长罗杰·马丁教授最早提出来的创新性思想，是指通过整合各方优势来解决双方或者多方之间的矛盾、冲突。比如，小米整合传统手机企业在价格和性能方面的冲突，生产出质量好、价格低的手机，这就属于典型的整合思维。

8. 轻资产思维

轻资产模式，即企业紧紧抓住自己的核心业务，把非核心且占用资金较多的业务外包出去的经营模式。轻资产思维即采用轻资产模式经营企业。

9. 模式制胜思维

管理学之父彼得·德鲁克曾经提到，21世纪，企业与企业之间的竞争是商业模式的竞争，成功的企业必然有一套属于自己的独一无二的商业模式。

具有上述企业观的人不一定成功，但没有这些企业观的人在未来一定很难成功。

顺势而为

有一句话说："宁可做错事，也不可做错势。"我们在做一件事的过程中，某个环节做错了，影响不会特别大，但如果对大势的评估出了问题，重要的时代风口赶不上，就会误大事，甚至会使企业陷入生死困境。

这样的案例数不胜数。比如曾经在1G时代风光无限的摩托罗拉在智能手机时代来临的时候没有意识到其重要性，不肯拥抱全球移动通信系统（GMS）数字网，结果在手机市场上从曾经辉煌的一枝独秀到后来的"三国演义"，直至现在的偏居一隅，成了一个令人心惊的逆向三级跳。而华为、小米、vivo、OPPO等在模拟信号时代甚至不曾出现过的手机品牌，一直跟随智能手机时代的"脉搏"，逐渐成了时代的宠儿，这就是顺势而为。

第2节　产互融结合战略

大家一直在强调，现在的生意不好做，我们不妨反问一下：现在的生意有做得比较好的吗？答案是肯定的。所谓的生意难做可能只是你的生意难做，而别人的生意未必难做。你的生意难做可能只是因为你还没有合适的方法，没有找到合适的转型模式，而产互融结合战略就是企业生存和发展的转机。

如何借助互联网和金融发展

每一个传统企业的企业家一定要有金融思维，要用金融思维去经营企业，至于能不能融到资还有待考验，但你必须要有金融思维，即使你不是相关专业出身，也要学会借助互联网和金融经营发展自己的企业。

一旦你有了实实在在的好产品，就一定要借助互联网的工具去开疆拓土。销售如果不借助互联网，就会受到区域的限制，受到价格竞争的强烈挤压，受到诸多因素的制约和冲击，而有了互联网就能让你跳出原有区域拓宽市场、开拓客户，有效解决销售的难题。传统企业一定要学会"＋互联网"，创新商业模式，把企业盘活。

互联网为企业破解销售难题的同时，企业又可以借助大数据实现跨界"劫客"。就像一个电影公司，除了卖电影票之外，还可以锁定直径 3 千米以内的粉丝，和附近的餐饮与商场联合起来，利用互联网共享大数据。当这种跨界再插上金融的"翅膀"的时候，就可以做到资产的倍增，实现真正的产互融结合。

产互融结合的成功案例

再差的大环境下也有生意做得好的企业，利用产互融结合战略实现跨越式发展的案例不胜枚举，这里与大家分享一个典型的案例。

小米公司成立于2010年4月，两年后获得第三轮融资2.16亿美元，雷军在采访中表示融资后的小米估值达到40亿美元；三年后成为仅次于阿里巴巴、腾讯、百度的国内第四大互联网公司；四年后一跃成为仅次于三星公司和苹果公司的全球第三大智能手机制造商。超速度的三级跳之后，小米公司进入稳步高速增长，产互融结合战略正式发力，小米生态链逐渐成形。小米集团2022年第三季度业绩报告显示，小米已经建成了全球最大消费类物联网（IoT）平台，连接超过5.58亿台智能设备，进入全球100多个国家和地区。小米系投资的公司超500家，覆盖智能硬件、生活消费用品、教育、游戏、社交网络、文化娱乐、医疗健康、汽车交通、金融等领域，不仅催生了22家上市公司，还孵化了19家独角兽，市值版图达万亿元。

值得所有企业家深思的三个问题：

过去——自己是怎么做企业的？

当下——别人是怎样做企业的？

未来——我该如何做？

产互融结合战略就是为了帮助企业找到一个很好的转型的出口，帮助所有企业越做越大、越做越强。

第 3 章

顶层设计

对于企业而言，顶层设计至关重要。顶层设计没有做好，企业一定做不大，从某种意义上说，顶层设计好坏决定企业的成败。

大多数人认为顶层设计不好琢磨，也不好定位，甚至有些人花了很多钱，参加了很多相关培训也不明白到底什么是顶层设计。

为深入了解顶层设计，我们将从顶层设计的概念、因素和案例三个方面对其进行深入的剖析。

第1节　顶层设计定义

顶层设计是为所要实现的目标落地而准备的战略性纲领和规划。

顶层设计是运用系统论的方法，从全局的角度，对某个事物或者某个项目的各方面、各层次、各要素进行统筹规划，以集中有效的资源，高效快捷地实现目标。

顶层设计的概念中有几个关键词，就是全局性、全面性、层次性和关联性。

如果我们把要做的企业比作要建一座楼房，从面上讲，楼房建在哪里，怎样选址，占地面积多大？从纵向讲，总共要建多少层，每层层高是多少？从功能上讲，楼房要做什么用，是厂房、住宅、商场，还是写字楼？这些方面决定了这座楼房的设计基调，对于事物整体的考量就是全局性和全面性。因此，就建设工程来讲，顶层设计就是建筑设计的效果图。

在选址、占地面积及功能确定之后，楼房高度（层数）及层高将决定楼梯的最终设计。在层高确定的情况下，如果按照30层楼高设计，那么楼房的地基处理和建材的选用、设计上，都要支持30层楼高的建设。有了这样的基础，即使一开始只建20层，甚至是10层，等后期条件成熟，我们仍然可以扩建到30层。相反，如果我们开始设计的是5层楼高，后来想要建到20层，就完全没有可能。原因很简单，地基处理、建筑材料的选择及整体设计都不支持，我们只能把已经建完的5层楼推倒后重建，这就是层次性。

一座楼房的设计要兼顾选址、占地面积、层数和层高、材料的选择及楼房的用途，这就是关联性。

经营一家企业跟我们建一座高楼大厦是一样的道理，比如：你的企业定位是百年企业还是千年企业，还是短期有钱赚就可以？你的股东里面要选择什么样的人，他们的格局、专业和水平都怎么样？就算你的产品再厉害，市场再厉害，工具再厉害，但如果你的重要股东里面有一个人不配合，最后也会形成"兄弟似的合伙，仇人式的散伙"，既然我干不了，你也别想干，最后谁都干不了，好好的一家企业毁于一旦，这就是顶层设计没有做好的企业的下场。

第2节 顶层设计因素

影响企业顶层设计的因素有很多，我们具体分析八大因素，包括人才定位、市场战略、商业模式、企业文化、发展战略、管理机制、品牌战略及股权机制。

人才定位

顶层设计第一个重要因素是人才的定位。事业都是人干出来的，人不对，再好的事情也做不成，这里的人才包括股东、高管及公司的业务员等各方面的人才，这就要求企业有一套完整的识人、用人、驭人的体系。

市场战略

顶层设计的第二个重要因素是市场战略，就是企业的市场应该怎么样去打开。企业的市场开拓就像古代的决战，将士们只是负责去厮杀，至于这场战争的战略战术怎么制定，那是元帅的事。

企业面对市场，首先要根据企业的愿景、规划和总体战略，制定全面的市场战略规划和战术规划，包括市场广告策划、推广计划、销售定位及销售模式等设计。

商业模式

顶层设计的第三个重要因素是商业模式。一个好的商业模式，能让企业在同行业竞争中脱颖而出。

商业模式是根据企业现有资源搭建的一套整体核心竞争优势系统。好的商业模式决定了企业的四大优势：发展高度、营利能力、发展速度和竞争优势。

企业文化

顶层设计的第四个重要因素是企业文化。企业文化是企业的灵魂，是推动企业发展的源泉和不竭动力。

企业能否成为百年企业，从顶层设计开始就已经决定了，或者说是由企业创始人的文化格局决定。一个没有文化的企业，见钱就赚，见利忘义，即使暂时做得不错，也只是昙花一现。

就像李云龙在影视剧《亮剑》中阐述的亮剑精神一样："任何一支部队都有自己的传统。传统是什么？传统是一种性格，是一种气质。这种传统是由这支部队组建时首任军事首长的性格和气质决定的。他给这支部队注入了灵魂，从此不管岁月流逝，人员更迭，这支部队灵魂永在。同志们，这是什么？这就是我们的军魂。"对于企业而言，企业文化就是企业之魂。

简言之，企业文化就是一种以人为中心，以共同的价值观为核心，强调管理中的软要素的企业管理方法，这样的企业是由文化决定的文化组织，它包括企业愿景、企业使命、企业宗旨、企业信念、企业作风、员工品质、礼仪庆典、社会形象及核心价值观等。

1. 企业愿景

企业最高领导者对企业未来的概念性定义，是企业长久的愿望和未来的目标，就是我们将成为一个什么样的企业。

2. 企业使命

企业存在的意义和目的是什么？企业会对社会作出哪些贡献，它是企业的根本性质。

3. 企业宗旨

企业宗旨是企业怎样做的根本指导思想。

4. 企业信念

企业信念是指企业在长期发展的实践中形成系统的做事方法和观念。

5. 企业作风

企业作风是企业在长期发展的实践中形成的一种气质，一种处事风格，一种精神风貌，是企业内质的外形表现。

6. 员工品质

员工品质是指在企业文化氛围下，企业品质在员工身上的体现。优秀的企业文化会使员工责任心强、敢担当、有激情、有团队精神、有明确目标、乐观向上并持续和善于学习。

7. 礼仪庆典

礼仪庆典充分体现企业的仪式感，让员工和社会感到企业是庄重的、严肃的，从而增强员工的归属感、社会的认同感。

8. 社会形象

社会形象是指企业对国家、民族、社会及我们的客户来讲，它有什么样的意义，包括企业的社会价值、社会形象和美誉度等。

9. 核心价值观

核心价值观是企业的最高目标，也是一个企业和其成员共同的奋斗目标，它包括企业成员的精神、目的和共同具有的价值观。它不是指企业的长期经营成果，如每年的增长率或投资收益率是多少，而是指能感动人心的、将员工的个人利益和企业的目标真正结合到一起的价值或目标。

发展战略

顶层设计的第五个重要因素是发展战略。企业的发展战略就是企业未来的路要怎样走，决定企业未来的格局和大小。发展战略不是一成不变的，而是根据企业的发展情况和内外环境变化不断更新的。比如，阿里巴巴成立时的发展战略是"'永远在线展览会'的第三方企业之间的商业交易（B2B）电子商务平台"，而2022年提出三大战略，即消费、云计算和全球化。

管理机制

顶层设计的第六个重要因素是管理机制。当企业做到一定的规模，员工数量众多的时候，如果管理跟不上，企业的效率和产出就会小，期间会造成很多人力、物力及资源的浪费，如果只靠老板个人，再努力也没有用，所以管理机制很重要。

品牌战略

顶层设计的第六个重要因素是品牌战略。很多企业产品做得好，市场也不错，但发展几十年，赚的钱一直都是产品差价，因为创始人缺少品牌的意识。没有品牌，企业就没有品牌赋予的附加价值，也就赚不到品牌加持的溢价利润。

美国营销专家拉里·莱特曾强调，"拥有市场比拥有工厂更为重要，而拥有市场的唯一手段是拥有占统治地位的品牌"。世界权威市场调查机构欧睿国际数据显示，海尔连续14年（2009—2022年）蝉联"全球大型家用电器品牌零售量第一"。出色的市场业绩背后是海尔集团的六次品牌战略转型。

> 1984—1991年：名牌战略。在这个阶段，张瑞敏带领亏损一百多万元的企业艰难起步，却为了"创造品牌"，不惜亲手砸毁76台有质量问题的冰箱，并提出"创优质、夺金牌"的目标。1988年，青岛电冰箱总厂（海尔的前身）获得了中国电冰箱行业第一块"国家优质产品奖"金牌，成为国产电冰箱行业第一品牌。
>
> 1991—1998年，多元化战略。在这个阶段，海尔凭借"品牌＋文化＋资本"模式，先后兼并了国内18家企业，完成了由单一的电冰箱品牌到洗衣机、空调、数码产品等多元化品牌的转变。

1998—2005年，国际化战略。在这个阶段，海尔坚持"三步走"战略，即"走出去，走进去，走上去"，目标不是"出口创汇"而是"自主'创牌'"。

2005—2012年，全球化品牌战略。该阶段和国际化战略阶段是一脉相承，是"走上去"的深度实践。该阶段的核心是本土化，在海外建立本土化设计、本土化制造、本土化营销的"三位一体"中心，逐步成为当地主流品牌。2009年，海尔首次在欧睿国际数据报告中拿下"全球大型家用电器品牌零售量第一"，并由此蝉联14年。

2012—2019年，网络化战略。在这个阶段，海尔聚焦对传统管理模式的变革，提出了"企业无边界，管理无领导，供应链无尺度"的网络化企业定义，强调"企业平台化、员工创客化、用户个性化"，打造了工业互联网COSMOPlat（卡奥斯）平台，全力推动"从大规模制造向大规模定制的转型"。

2019年至今，生态品牌战略。这个阶段的核心是对物联网生态进行更深入的探索。张瑞敏在演讲中提出，海尔将朝着让不同国家、不同民族的用户，都可以享受到物联网时代的美好生活的方向不懈努力。这或许就是海尔在生态品牌战略阶段的目标。

一个企业家一定要有品牌意识，没有品牌意识，赚的永远都是产品的差价微利，企业就不可能值钱。

股权机制

顶层设计的第七个重要因素是股权机制。现在越来越多的公司都是合伙形式的，同事、亲戚或好朋友组合起来，一起抱团取暖，但是如果股权机制没有做好，这个公司就做不长久，也做不大。

投资人在筛选项目过程中，经常会问企业家，你的股权情况怎么样，股权分配制度怎么样？股东是哪些人，他们之前是做过什么工作的，他们的背景是怎么样，他们的为人如何？这些都是顶层设计方面的问题，能反映这个企业未来到底有没有出路，能不能生存下去，能不能做大，能不能做强，能不能做长久。

股权机制非常重要，股东所占股份的比例代表了股东的相应的权利，如图3-1所示。

从图中可以看出，股东具有出资责任、分红权、发展规划权、日常管理权及投票表决权。

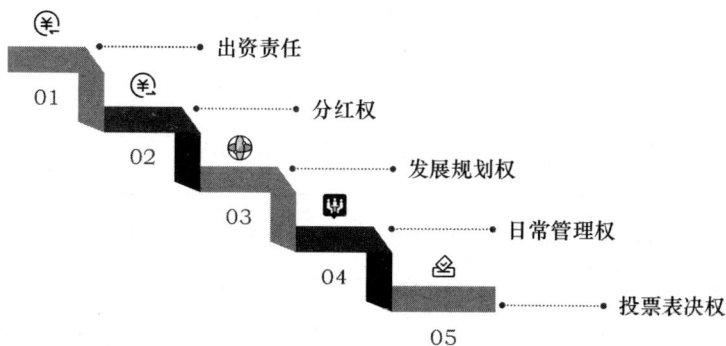

图 3-1 股东的股份份额与责任和权利的关系图

1. 出资责任

通常情况下，股东有按照股份出资的责任。大家在一起做事，但公司需要钱的时候，却没人愿意出资，眼看着订单被竞争对手抢走而错失机会，就像一个和尚担水喝，两个和尚抬水喝，三个和尚没水喝一样，所以股权机制中股东的格局至关重要。

2. 分红权

《中华人民共和国公司法》第三十四条规定"股东按照实缴的出资比例分取红利"，这就是股东的分红权。

公司一旦做好了，有现金流了，这时谁都想分得更多，这时矛盾也就相应地产生了，所以，股权机制中要明确股东的分红权，制定分红方案。

3. 发展规划权

初创型企业，前三年不断地发展，攻城略地、开疆拓土，再多的利润也会用于发展企业上面。

> 雷士照明的创始人吴长江与他的两个同学杜刚和胡永宏在公司规划问题上产生分歧，由于公司盈利全部投入企业发展中，一直没有分红，因此他的两个同学想把他赶出公司，结果是吴长江取得了最后胜利，把杜刚和吴永宏赶出局。

很多公司与这个案例一样，因为发展规划权不明确，主要股东产生分歧，要不你出局，要不我出局，由于内讧导致资金链断裂，本来发展很好的企业功亏一篑，因此，在股权机制中明确发展规划权至关重要。

4. 日常管理权

当公司做大了，每个股东都担心吃亏，都想将自己的亲戚朋友拉进公司，而这些亲朋真的有能力吗？未必，但既然你的亲戚能够进来，我的亲戚为什么不能进来，这时矛盾由此开始产生。为了避免这种矛盾的产生，股权机制中要对日常管理权进行明确。

5. 投票表决权

有的创始人在公司发展一段时间后发现，公司7个董事中有5个都不支持自己的决定，自己什么都决定不了。企业虽然是自己创立的，但最后和自己没有关系了。因此，在设计股权机制的时候，一定要对投票表决权进行明确。

第3节 顶层设计案例

不管是修身、齐家、治国还是平天下，都离不开顶层设计，如今做企业也一样，首先要做好顶层设计，我们借刘备与诸葛亮的"隆中对"来认知三分之一天下的顶层设计。

"桃园三结义"之后，刘备得到张飞、关羽的财力与人力的相助，于是开始招募乡勇组建团队：破黄巾→做县丞→投公孙瓒→投陶谦→跟吕布→投曹操→返徐州→投袁绍→投刘表。然而，刘备一直努力工作，认真创业，最终却无容身之处，这是没有好的顶层设计的结果。

刘备第三次顾茅庐，客气寒暄之后，刘备请诸葛亮出山辅助自己。

诸葛亮却说："我想听听您的未来规划，打算怎么干。"

刘备说："汉朝天下大厦已倾斜，摇摇欲坠快要倒塌了，贪官污吏，奸佞之人为官为相，整个朝廷一片污浊之气，我刘备虽然没有多大的能耐，但也想做一些利国利民的大事，只是智慧不够，到今天为止，也没有什么成就，希望你能协助我指导我拯救天下苍生，若你能相助，实在是刘备之福，天下万民有幸。"

刘备的志向是非常笼统模糊的，因为朝廷摇摇欲坠、一片污浊之气，所以自己想干一件利国利民的大事情。具体怎么干？从哪里开始干？能不能干成？谁也不知道，虽然他努力工作，但是缺少对未来的规划以及可落地的执行方案，即刘备现有团队缺少具有顶层设计思维的人。

于是，诸葛亮提出了自己的策略：你要想成就霸业，就要让曹操占据天时，让孙权占据地利，而你则可以占据人和。先占领荆州作为根据地，随后占领益州建立基业，形成三足鼎立的形势，然后再图谋中原。

诸葛亮对刘备大业的顶层设计规划，让刘备集团第一次有了完整的事业战略，不仅帮助刘备认清谁是敌人、谁是暂时的盟友，还为刘备集团的组织政权转变奠定了基础，更成为指引刘备的蜀汉政权发展的灯盏。

第4章

商业模式

　　我们经常听到"商业模式制胜"这一说法，很多中小型企业老板参加了资本方面的学习，其中主要的学习内容就是商业模式。

　　我们在平时交流过程当中，能够明确感觉很多企业老板对商业模式不重视，认为他们已经有了固定的商业模式。当你要帮助他优化时，他觉得没有必要。因为商业模式看不见也摸不着，很多人认为花几十万元或几百万元设计一个商业模式，还不如买一辆豪车或多开几套模具来得实在，其实这种认识非常不正确。

第1节　为何需要商业模式

在商业竞争如此激烈的今天，所谓商业模式制胜，是指一个好的模式就决定了成功的一半。

我们要把企业做好，在同行业竞争中胜出，就好比赛车。怎么样才能赢得比赛胜利呢？第一，要有好的赛手，他有超棒的驾驶技术和丰富的驾驶经验；第二，要有好的赛车。唯有二者皆备，人好车好，才可能制胜。

做生意其实也和赛车一样，也需要一个好的赛手加一辆好的赛车。好的赛手就是在一个好的创始人的带领下打造一支好的团队，好的赛车就是好的商业模式，就是做生意的方法或工具。工具精良，事半功倍，方法不得当，事倍功半。

物竞天择，优胜劣汰

在这个多元化的时代，由于分工不同，社会中有各行各业，只有不赚钱的人，没有不赚钱的行业。不管哪个行业，竞争再激烈，总会有赚钱的企业。相反，不管有多么大的优势，也有亏本的企业。物竞天择，优胜劣汰。

产品供大于求，竞争异常严峻

在物质极大丰富的今天，市场上更多的产品是供大于求，竞争态势异常的严峻。在这种情况下，产品竞争将趋白热化，这意味着微利的时代已经到来。

企业被逼出来的"商业模式"

在这种情况下，很多企业举步维艰，但正所谓穷则思变，很多企业好的商业模式是被逼出来的。企业遇到瓶颈了，遇到痛苦期了，不得不去做转型，所以说很多的企业不是自觉地作战略调整和规划，也不是有目的地去做好商业模式，而是被逼出来的。

在这个被逼的过程当中，企业有很多时候是病急乱投医的，有时候把钱给了不该给的人，起不到想要起到的作用，这就是个问题。

第2节 商业模式的定义

好的商业模式，就是既要顾及自己，又要让客户无法抗拒的生意模式。如何顾及自己呢？就是量力而行。很多人在学习听课的时候，总觉得这个商业模式不错，那个老师不错，可回到企业后，发现自己根本实施不了，为什么？因为任何商业模式都是个性化的，一个好的商业模式，它只适合一个企业，不要想去照搬照抄。个性化的事，要就地取材、量身打造，要从企业的实际情况出发，但现实中有很多人，抛开企业的实际情况，照搬别人的商业模式，这是极不明智的。所以本书提出了一个前提就是，顾及自己，也就是从企业的实际情况出发，量力而行、量身定做，然后再设计让客户无法抗拒的商业模式出来。

什么是商业模式

到底什么叫商业模式呢？顾名思义，商业即做生意，模式即为方式、方法，简言之，商业模式就是做生意的方式方法，是做生意的一套方法理论。商业模式不存在有或无，而只在于优质或不优质。

商业模式设计的典型案例

我们已经说过，商业模式设计是个性化的事情，要从企业的实际情况出发，所以并没有套路可循。我们仅介绍几个商业模式设计的典型案例，供大家参考。

1. 奥克鸡精

河南奥克调味品有限公司成立于 2001 年 7 月 13 日，是国内一家以生产专业鸡精为主的调味品公司。当年为了打开鸡精销路，他们曾精心设计和创造了一个经典案例。

他们把所有卖鸡精的代理商请来，对他们说："你给我 5 万元，我给你一台 5.7 万元的面包车，大家愿不愿意跟我合作？"部分代理商表示愿意合作。他们接着问："我再给你 5 万元的鸡精，大家会不会跟我合作？"基本上大部分代理商都会跟他们合作，这就是让客户无法抗拒的商业模式。

很多人就提出问题了：代理商给奥克公司 5 万元，奥克公司给代理商 5 万元的鸡精加 5.7 万元的面包车，总额等于 10.7 万元，这不是做亏本生意吗？但是，一定亏本吗？当然不是。学问在于面包车的批发购买及充分利用代理商的感恩心理的一系列精心运作。

零售 5.7 万元的面包车，如果一次性订购 2 000 台，即可享受批发价 3.5 万元。5 万元的鸡精，成本要多少钱呢？根据调味料的利润通常在 30% 左右，我们可以算出 5 万元鸡精的成本约为 3.2 万元。这样就可以算出奥克公司付出的总成本约为6.7万元，这6.7万元去掉代理商交的5万元现金，奥克公司还亏损1.7万元。怎么办？解决办法就是围绕着"车"进行筹划。

第一，奥克公司对所有代理商说，你交5万元给我，我们给了你十几万元的东西，那么车的保险可不可以在我们这里买？连续买3年，你自己去买保险是多少钱在我们这里就是多少钱，不多收你一分钱；然后奥克公司去跟保险公司谈，2 000台车保险费交3年，这在保险公司也算大单了，保险公司可以返利20%，每台车1年保险费4 000元，3年1.2万元，20%返利就是2 400元。

第二，这个面包车是我们公司送给你的，用这个去接待客户不合适，所以主要用来运输鸡精和货物，所以后排座位是否可以不要？这样每一台车又可以便宜800元。

第三，奥克公司又找房地产销售公司合作。房地产公司销售楼盘时需要请人去发广告，去印刷宣传彩页，这些都需要成本，而且广告短时间内要发出去，成本会更多。奥克公司对某房地产销售公司的负责人说，我们这里有2 000台车每天在城市里面跑，车身全部印上你们公司的广告，但因为这个车身广告不是随时能改的，所以需要一年一签。每台车每天广告费5元，一年365天，一台车一年广告费将近2 000元，2 000台车一年广告费就将近400万元，而且一次性付费。

第四，买面包车可以采用多种方式付款，如分期、承兑或汇票，而用汇票还有至少2%的折扣，每台车为700元。一次性买2 000台车，一下子收进来那么多的现金流，而奥克公司支付出去买车的钱，中间有时间差，就会有一个资金池。

第五，鸡精是用来吃的，吃的东西都会有保质期，鸡精的保质期一般是18个月。所以奥克公司给代理商的合同分为两种：一种合同是一次性给付5万元的鸡精；第二种合同是分期付货，就是把5万元的鸡精分7期给付。很多人愿意交这5万元就是冲着面包车来的，他们平时可能又卖奥克鸡精，又卖其他品牌的鸡精，所以单卖奥克鸡精销量可能到不了5万元，鸡精一旦一次性交货就成了库存，如果在保质期之内不能全部卖出去，就都成了废品，这些人就不敢要求一次性把5万元鸡精全部付清。事实上是90%以上的合同都是按照12个月份7期给付，如此一来奥克公司生产鸡精的成本一下就降下来了，剩余的钱就变成了资金池。

有了大量的现金流在手里，奥克公司就可以做各种资本运作，最后不但把亏损的钱补回来，每台面包车还赚了几千元，这就是有别于他人的商业模式。

2. 百看电影：跨界的电影公司

有一种思维叫作"免费不等于不出钱"。大家想不想免费看电影啊？你先出钱买我的电影票，假定电影票35元一张，买两张就要出70元，但是我会把这个钱返还给你，这样是不是也叫免费？通过这个模式，就会有很多人来看电影。

想做免费看电影的活动，我们先做个调查：

（1）观看频次。每天都去电影院看电影的有多少人，基本上很少。每周去看电影的有多少？几个。每个月去看一次电影的会有多少？答案是很多。既然不会有人每天去看电影，说明到电影院看电影的人，每天基本是不重复的，这是从客户的细分倒推过来的分析结果。

（2）区域半径。有谁会开车去100千米之外看电影？几乎没有人会这样做，这说明看电影的客户群体是以电影院为中心，基本上辐射到2千米以内，所以区域锁定在2千米以内。

（3）客户类别。一般去电影院看电影的是什么人？是情侣、同事或家人。所以电影院每增加一个人，不可能只增加一个人，至少会是成两个或两人以上的倍数增长。所以传统的电影院刚开始的上座率是每天28%左右，100个座位，每天轮着不停地放，4个月之后上座率基本可以达到78%左右。

有了上述调查结果，我们看一下怎样做免费看电影活动的运作。

既然是免费，就是要把门票给牺牲了。门票的收入没有了，但你卖票收的现金流还是在你的账上。观众到你的电影院看电影，付了70元买了两张电影票，但他们可以到电影院门口的饭店吃快餐，然后用门票的70元抵消部分餐费，这就相当于他们免费看了电影，电影院也做了客户筛选，活动成了流量的路口，同时电影院该收的现金流也一分钱没少。

接下来，电影怎么做才能把抵出去的70元给赚回来呢？

第一，免费看电影对于电影院来说，牺牲的只是电影票，但是人流量一旦上来，买可乐、爆米花及买3D眼镜的人就多了，这些耗材会翻两倍以上的增长，这一长一消下来，就可以补贴一部分的电影票的亏损。

第二，来看电影的大都是半径2千米以内的居民，针对这个特点电影院可以设计一套消化掉亏损的票房的模式。百看电影是这样做的：与周围半径2千米的餐饮行业合作：来我这里看电影的客户，到你店里吃饭，他有70元的电影票，你给我抵掉70元的餐费，我把这些钱还你，但同时我把客户引流到你这里来吃饭，如果他吃得多，你要按照15%的提成给我。假如一个客户来你店吃饭，是因为他来看我的免费电影，用70元电影票可以抵掉他来你这里吃了1 000元中的部分现金，相当于这个店要给百看电影提成150元，150-70=80（元），结果还赚了80元。

这样，一个开电影院的，不只是为了卖电影票而生存，而是连餐饮的钱也赚了。卖零食的、卖床单的、卖家电的……都可以拓展出来，只要在电影院周围半径2千米以内就可以谈合作，假如有200个商家的生意都跟电影院有关系，相当于200个商家成为电影院的引流渠道，就会实现做电影院的不仅是赚电影的钱，他牺牲的只是票房，换来的却是200个商家的引流和利润分成。

从这个案例我们重新理解一下"免费模式"。什么叫免费？不是来吃一碗面一分钱不付，而是你先付给我钱，我再通过其他方式返还给你，这也叫免费。就像百看电影观众先花钱买电影票，然后百看电影再把这些钱通过餐饮、购物等方式返还给观众。免费不等于不出钱，只是出钱之后再享受免费，出钱带来的庞大现金流就是企业商业模式制胜的原理。

3. 电子并购

电子行业市场竞争异常激烈，与20世纪80、90年代比，暴利时代已经过去了，那现在该怎么做？

在笔者曾经服务过的企业中，发现有个企业基础非常好，一年营业额能有17亿元。在这个竞争白热化的时代，17亿元是很了不起的。他们在全国有600多家的代理商，一起分担17亿元的市场。我们暂且称呼这家企业为A企业。

企业中一个定律和一种关系非常重要：一个定律是二八定律，一种关系是强弱关系。

二八定律是19世纪末20世纪初，由经济学家巴莱多提出的。他认为在任何一组东西中，最重要的只占其中一小部分，约20%，其余80%的部分尽管是多数却是次要的。应用到社会，就是20%的人掌握着80%的财富。应用到企业，就是一个企业80%的利润来自20%的客户。

强弱关系即强关系和弱关系。对企业而言，弱关系就是普通的买卖关系或代理关系，就是普通的战略合作关系，这种关系的忠诚度非常低。例如代理商，只要有一个同样的产品，别人给的利润给比你高，他可能马上就不代理你的产品而代理别人的了，所以这种关系很不可靠。怎样把弱关系转化为强关系，就是用资金、贷款支持或用相互间的股权将关系套牢，形成关系异常紧密的强关系。

根据二八定律，我们先给A企业的代理商做了定向筛查，看一下80%的业绩都是由哪些代理商干出来的，从而把20%的优质代理商分离出来。结果发现其中13家代理商加起来的业绩差不多占据总业绩的三分之一，达到5亿多元。

既然这些代理商做得好，我们就提出以下建议：

（1）用现金或者货款的方式支持这些代理商。

（2）投资这些代理商，入股他们的公司，也不用投资很多，从1%到5%即可，业绩做得非常好的代理商也可以参与投资A公司的股份，这样双方的关系就变成了"你中有我，我中有你"，铁板一块，别人想挖都挖不动。

（3）重新注册一个B公司，将这些优质资源独立出来，这13家代理商的5亿多元业务不要再做到A公司了，而是将合同转移到B公司，把5亿多元的业务和现金流全部从B公司走，完全独立出来。为什么要做这样做？上市公司一直在讲并购，但是上市公司喜欢并购什么样的企业呢？因为上市公司的盘子很大，他要发利好消息刺激市场，所以基于财务报表考虑，上市公司都喜欢高利润率的公司，而这个B公司正好利润率很高，就是为被上市公司并购准备的一块"肥肉"，所以被并购是理所当然的。

大家静下心来想一想，原有的A公司和新注册的B公司，哪个价值更大？答案不言而喻。相信很多企业都梦想自己的企业也能够被并购，打造一家高利润率的公司就是被并购的重要条件。

通过上述三个案例，我们试图让大家理解什么叫商业模式制胜，以便对后续的内容能有更深刻的理解。

第 3 节 商业模式设计的方法

什么叫法门？就是做事情的方法和技巧。如前所述，我们说商业模式就是企业做好生意的方式方法，实际上设计一个好的商业模式也需要方法和技巧，我们称之为"商业模式设计的方法"。

我们在学习、听课的时候经常会有这样的感觉，听完课感觉浑身充满了力量，准备要好好干一番，但是三天之后就没多少感觉了，一个星期之后就更没感觉了，半个月之后就差不多忘完了，一个月之后啥也想不起来了。希望通过本书介绍的法门，大家能够自己设计企业独居优势的商业模式，而不只是学个案例、学个想法而已。

成功组织的三个要素

如果把整个企业比作一架飞机，那么商业模式就是这架飞机的机舱，而资源和人才就是飞机的两个翅膀。只有这样，企业才能够腾飞。成功组织应具备的三要素如图4-1所示。

图 4-1 成功组织具备的三要素

如果仅仅有商业模式这个机舱，飞机能飞得起来吗？答案是不能。所以只有商业模式是不行的，只学商业模式也复制不了别人的成功，原因是还缺少其他重要的东西。就像炒菜一样，炒什么菜取决于厨师的技能水平和有哪些菜的资源，不会做川菜的师傅做不出正宗的水煮肉片，原材料只有猪肉也无法做出杭椒牛柳。一个好的商业模式也一样，它只是一种方法，这个模式要去执行和落地，一定还要有两翼，其中一个叫资源，另一个叫人才。

资源，就是物质资源，也等同于资金。很多企业是因为缺资金才找资金，让他做个商业模式设计他都拿不出资金，要做营销宣传就更没钱了，所以离开了资金，再好的商业模式也变成了废纸，这就是为什么我们听到有感觉，想落地却行不通的原因之一。一切商业模式都要结合自己有什么资源，而不是天马行空，否则就变成了天方夜谭。抛开了自己的资源条件，不以自己的资源为基础，不以个性化的设计为基础，不以创新为关键，所有的商业模式就都是无用的。

除了资源之外，人才也非常重要。没有好的团队和人才，没有资源的积累和准备，再好的商业模式都会变得寸步难行。

设计方法之一：合纵连横

在本章第2节介绍的三个案例中，他们的商业模式之所以能够成功，就是因为他们都做了一件事情，即合纵连横，或者说是纵横捭阖。做鸡精的不赚鸡精的钱，而是堤内损失堤外补，功法是"功夫在诗外"。

合纵连横具体是指采用互联网思维设计商业模式，如图4-2所示。什么是互联网思维？比如阿里巴巴的成功原理是将从工厂到用户之间的总经销、省代理、市代理及商场等中间环节去掉，让用户以最小的价格买下想要的商品。

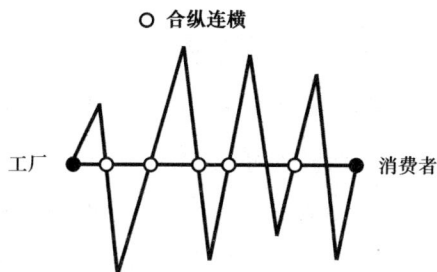

○ 合纵连横

工厂　　　　　　　　　　　　　消费者

图 4-2　合纵连横示意图

前面分享的案例都是做了加法，把看似不相关的资源对接起来，从而衍生很多的相关利润来源。

在奥克鸡精的案例中，鸡精本身是亏钱，但是从保险、广告、后座减配及资本运作等方面赚回来，把这些看似不相干的因素串联起来，在鸡精上面亏100元，但在实施的链条上找了10个相关因素，每个因素创造20元的利润价值，总数就有200元，200元减去前面亏的100元，最终还能赚100元的利润，这就是商业模式。

设计方法之二："＋＋之术"

在设计商业模式的时候，还有一种方法叫"＋＋之术"，这是本书独创的一个理论，可以简单理解为"我＋"、"＋我"和"我＋"＋"＋我"。

我＋：我的客户可以成为谁的客户，会产生怎样的化学反应？

＋我：谁的客户又可以成为我的客户，又会产生怎样的化学反应？

当"我＋"＋"＋我"的时候，将进一步产生怎样的化学反应？

例如，前述的奥克鸡精案例中，采用鸡精＋（汽车、保险、广告、资本运作……）的方式，在鸡精产品未变的情况下，植入了与鸡精风马牛不相干的汽车后，销售额从2 000万元直接达到3亿元，所以只要开动脑筋，一切皆有可能。

而在百看电影和电子并购的案例中，合纵连横的设计方法体现得就更加明显。百看电影横向联合了200家餐饮、商店等商家，虽然看电影免费，但成功实现了跨界"打劫"，赚得钵满盆盈。在电子并购案例中，用现金与贷款支持及股权的方法，将13家最优质的代理商与自己捆绑到一起，让他们和自己的企业成了彻底的利益与命运共同体。这些无不体现商业模式设计中的"＋＋之术"。

设计方法之三：跨界与触类旁通

我们在做商业模式设计的时候还要学会跨界和触类旁通。

跨界：怎么分别人的钱？

触类旁通：找到一个客户就找到很多潜在客户。

比如在奥克鸡精案例中，奥克鸡精实现了汽车、保险、广告及资本的跨界"劫客"。在百看电影案例中，百看电影通过电影院门票抵扣，成功实现了跨餐饮、购物的跨界"劫客"，并通过餐饮和购物，触类旁通地找到了近200家商家进行合作。

设计方法之四：收入＝单价↓ × 数量↑

商业模式有很多种典型的模式，目的都是为了吸睛，比如前述奥克鸡精案例的倒贴模式和百看电影案例的免费模式。只要是非公益性组织，其最终目的都是为了利润。利润从哪里来？从收入中来。而收入从哪里来？

$$收入＝单价×数量$$

与此前相比，当下早已进入微利时代，不要再想暴利，那个时代早就成了过去式。

如前述，收入等于单价乘以数量，既然单品的利润或单价下降是不可逆转的趋势，要想盈利就只能从数量上下功夫了。如果数量增加了，而且是大幅地增加，收入或者利润就可能不降反增。那么在市场竞争异常激烈的今天，增加销售数量可能吗？答案是可能。

要想销售量激增，方法就是要用前述的"产互融结合战略"中的"互"字，即互联网。无论是当下还是未来，互联网都是能够使用户数产生裂变的唯一工具。

某企业做钢笔贸易。在暴利时代，卖一支钢笔能赚 100 元，但是一个月只能卖 100 支，一个月利润是 10 000 元。可如今出售一支钢笔只有 10 元利润，单品利润下降了 90%。但通过互联网以低价的方式做内贸、外贸，面向全国甚至全球的客户进行销售，月销量从原来的 100 支激增到现在的 10 000 支。现在与原来相比，总收入和总利润哪个更大？当然是现在，月利润达到 10 万元。

在互联网时代,企业就是通过单价与数量的此消彼长,来做微利的竞争的。

设计方法之五:商业模式设计的八维模型

我们在商业模式设计时,还要重点考量如时间、数量、定位、增利、变异、转换、门槛及空间这些因素,我们将这八个因素称为商业模式设计的八维模型,如图4-3所示。

图 4-3　商业模式设计的八维模型示意图

1. 时间

以时间换空间和客户。免费模式也好,倒贴模式也罢,一定都是以时间为轴展开。很多互联网公司商业模式的总体策略就是前期亏本、中期保本、后期赚钱,前面的补贴阶段为亏钱模式,但是我们一定要记住,任何商业模式都不可能永远亏钱。亏本期就是为了吸引消费者,培养用户的消费习惯,习惯养成之后再收费。例如某软件公司,其初级版本可以免费,而当用户使用习惯之后,后期想要用升级版的,就不再免费了。初级免费,中级、高级收费。所以免费模式一定是在某个时间段内，不可能终身免费。

2. 空间

通过互联网的方式，进行跨界、跨区域的客户裂变，把市场做大。

3. 数量

无论是暴利时代还是现在的微利时代，销售数量都是最重要的经营指标。在免费的商业模式中，免费都是有条件的。比如可以免费领一包纸巾，但你得先买其他东西，而且需要买到一定金额才可以免费领，这就是数量和数据之间的游戏，最终保证商家还是赚钱。

4. 定位

做商业模式还要做定位，要聚焦。什么叫神箭手？《水浒传》中的"小李广"一人一箭，却百发百中，因为他足够聚焦。针对市场，如果定位不精准，你打一万发子弹都没有用，因此，一个没有市场经验的人，他是不可能设计出好的商业模式的。做市场，一定要像射箭一样，先做定位，再瞄准靶心，争取一剑封喉、一矢中的。

5. 增利

增利，顾名思义，就是通过时间、空间、数量的置换，不断地增加利润。

6. 变异

人生有三重境界：初阶是看山是山，看水是水（执着于事物的表象，看不到本质）；中阶是看山不是山，看水不是水（不再被表象所局限，不仅可以透过现象看本质，还可以善加利用和经营）；最高境界是看山还是山，看水还是水（回归本真，看到人生更丰富的层次和状态）。企业的商业模式也是如此，在不同阶段、不同境界会有不同的变化。表面上看一家企业是卖连锁快餐的，实际上它主要的收入来源可能是房地产，因为它虽然是靠卖快餐完成初期阶段的财富积累，却是靠投资房地产实现财富增值的。

7. 转换

在资本市场上我们经常会听到这样一句话，叫作"羊毛出在猪身上，让狗来买单"。怎么理解呢？比如在奥克鸡精案例中，奥克公司生产的鸡精，用的是代理商的预付款，但却让保险公司、广告商来买单。在百看电影案例中也一样，电影票"白送"，却让附近各行各业的商家帮电影院赚钱。

8. 门槛

商业模式中的门槛是什么？就是事业的护城河和防火墙。门槛可以是领先的技术、领先的时间，可以是领先的互联网粉丝数量……总之，门槛是任何别人一时无法超越的差异化的领先优势。

当然，"＋＋之术"也好，"合纵连横"也罢，所有的法门应用的前提都是要转变观念，要进得去，不要总当"吃瓜群众"。

第4节　商业模式画布

商业模式有多种表述方法，但有一种表述叫作画布图，其简单、直观、明了，如图4-4所示。想要成功设计和打造一个商业模式，深入理解商业模式画布图很重要。

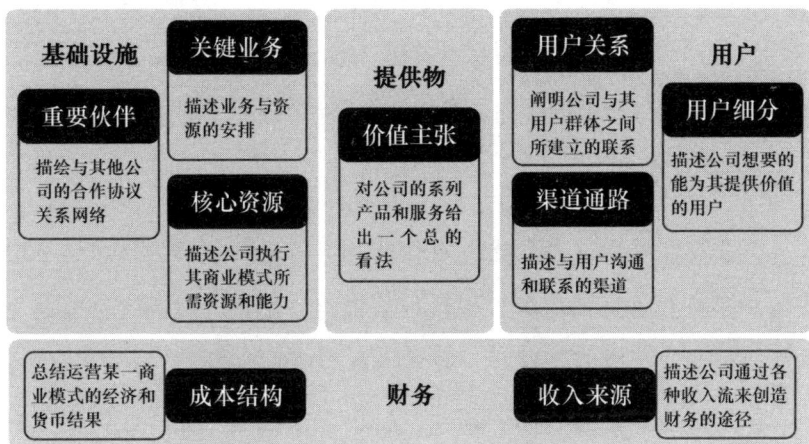

图4-4 商业模式画布图

商业模式画布图中有九大构件，这些构件间相互关联、相互作用，构成了完整的商业模式。

用户细分

大部分的商业模式是反推法。生意要想做得好，精准锁定目标用户很重要，千万不要试图做所有人的生意。

另外注意不要混淆用户和客户的区别：客户是为产品或服务买单的人，而用户是使用产品或服务的人。

例如某品牌矿泉水的广告："对员工好一点，就喝'××矿泉水'！"这句看上去没一点用的话，却直戳用户痛点："老板不买'××矿泉水'就是对我不好！"这句话其实也是道德绑架，但老板们却乐得做顺水人情。

客户和用户，二者的区分很重要，这样才能够准确定义你的用户，打造符合用户需求的产品或服务。

此外，还要善于将客户或用户合并同类项。如前述的"老板"们、"员工"们、"子女"们和"父母"们，都是同类项，即把目标客户或用户归类到一个群体中，拿下一个客户就等于拿下一个群体。

价值主张

企业存在的意义是什么？有什么社会价值？能够为国家、社会和用户带来什么样的好处？解决什么痛点？这些问题的答案就是企业的价值主张，离开了这些企业就没有存在的必要。

你的价值主张最好用一句"广告语"来描述，如"让世上没有难做的生意""怕上火就喝王老吉"等，这些广告语都是定位聚焦、客户精准、直指人心的，听得多了，用户就会被洗脑。当然，无论做什么都不能是违法的。

用户关系

即怎样收钱，怎样盈利。用户关系通常有以下四种方式。

（1）按件收费。如在市场买衣服或其他日用品等。

（2）按次收费。如美容院里面做一次面膜多少钱等。

（3）按时长收费。如手机话费、汽车油耗等。

（4）平台费。如会员费。

渠道通路

即怎样找到你的客户。渠道通路通常有以下几种方式。

（1）总经销。最传统的代理方式。

（2）线上线下。如淘宝、京东等电商平台。

（3）集团客户。如为员工集体买保险的事业单位等。此方式是借船出海，属于市场运营思维。

需要强调的是，盈利模式不等于商业模式，后者的概念更大，范围更广。

关键业务

通常关键业务与主营业务挂钩。很多公司的主营业务是免费的，而用关键业务赚钱。例如，百度主营业务为搜索引擎，关键业务为广告和竞价排名；腾讯主营业务为社交，关键业务有游戏、广告和金融等。

核心资源

核心资源就是企业的护城河，凭什么只有你能做且做得好？就是因为你有核心资源优势，比如人才、团队、市场等。

除了这些，经验同样重要。一个老兵可以避死向生，原因是他见过太多的战场，经历了太多的战斗，见证过太多的生死，而不只是纸上谈兵。看过《孙子兵法》不一定就能成为军事家，战场上才能练出将军，所以经验很重要。

重要伙伴

前述的设计方法中，有一个叫"＋＋之术"，简单说就是我的客户将成为谁的客户、谁的客户又能成为我的客户，这就需要重要合作伙伴。聪明人善于站在巨人的肩上成就自己。企业家要把握好自己的定位，要善于给员工们分配任务，要让员工们发挥才干。

成本结构

要成功，需要花多少钱？在核算成本时，请注意以下几种思维的区别。

（1）政府思维。一般情况下，政府比较关注企业的税收和业绩方面的情况。

（2）银行思维。银行借钱给企业时最关注的是"固定资产＋流水"，这两方面越好借贷越顺利。

（3）投资思维：投资人看的是企业的未来趋势和成长性，特别是风险。投资绝不是救急，或许企业暂时很缺钱，但在投资人眼中，缺钱是你的事，与他无关，投资人只投他认为值得投的人或项目。

正因为高风险，所以投资人要求得更严格。虽然任何人都不可能100%成功，但要让投资人觉得值得为你冒险和买单。

> 说法一："我家养了一只鸡，但没有饲料了，你能够出钱（投资）给它买饲料吗？"投资人显然不会投。
>
> 说法二："我家养了一只鸡，两年后会下金蛋，而且每周能够下一个金蛋，但现在没有钱买饲料了。"投资人肯不肯投资？可能会投。假设投资人投了，转眼到了第二年，主人已经用投资人的钱买了别墅和车，而且主人知道它肯定下不了金蛋，于是他找来邻居，让邻居家的狗将鸡咬死了。然后主人对投资人说："你看，本来鸡马上下金蛋了，但却被邻居家的狗给咬死了。"他本来坑了投资人，却还装得很无辜，去骂邻居，而投资人只能哑巴吃黄连，有苦说不出。

上述案例也告诉投资人，投资有风险，入市需谨慎。

收入来源

利润是商业模式的终点站，前面所有的设计都是为了获取利润。净利润＝收入－成本，好的商业模式就是通过一定的盈利模式来持续获取利润。

第5节 商业模式设计人员必备素质

商业模式的设计对设计人员的素质是有要求的，如图4-5所示。

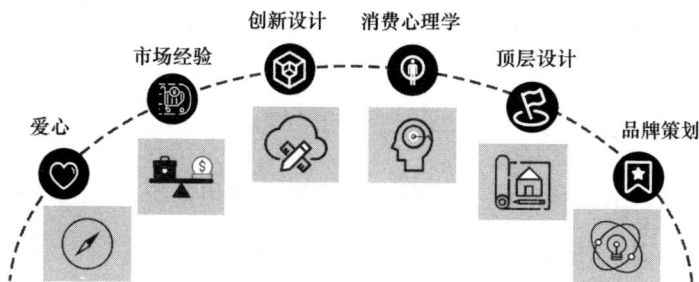

图 4-5 商业模式设计人员必备素质

爱　心

做企业成功了就是善举，所以做企业要有善恶之分，要学会敬天爱人。实业家稻盛和夫，是京瓷、第二电信（KDDI）两家世界500强企业的创始人。他的成功或许有很多的秘诀，但"敬天爱人、利他之心"绝对是他最核心的成功要诀。

一般认为，决定企业盛衰的是眼睛看得见的、有形的要素，比如资金能力、技术能力以及经营者制定的企业战略，等等。但是笔者认为，这些因素固然重要，然而比这些更重要的是，眼睛看不见的、无形的因素，就是员工的意识，以及作为这种意识集合体的组织的风气，或者说企业的文化。

企业里的每一位员工对自己的企业都抱有自豪感，从内心祈愿企业成长发展，并为此竭尽努力。相反，企业里充满不平不满，到处怨声载道，员工们都像批评家一样批判自己的企业。这两种情况下，企业的业绩必然会迥然不同。

稻盛和夫先生说，用"利他之心"经营企业，是超越行业、超越国界的"真理"，也是打造优秀企业文化的基础与载体，因此，一个没有爱心的人是设计不出好的商业模式来的。

市场经验

商业模式的设计者必须要有市场的经验和资源。如果他没有做过市场，他就不懂市场，那他对客户的把握度、对市场的敏锐度及心理把握就根本谈不上。这一张牌打出去，对方会不会买单他是没有把握的。如果让这样的人为企业设计商业模式，就好比坐上了一个新手开的车，是很不安全的。

创新设计

商业模式的设计者一定要有创新的思维。如前所述，走老路永远到不了新地方。一直陷在自己的思维里面，企业是做不大的。没有发散思维，市场拓展不开，也就奢谈做大了。

消费心理学

消费心理学是心理学的一个重要分支，它研究消费者在消费活动中的心理现象和行为规律。消费心理学是一门新兴学科，目的是研究人们在生活消费过程中心理活动规律及个性心理特征。消费心理学也是消费经济学的组成部分。研究消费心理，对于消费者，可提高消费效益；对于经营者，可提高经营效益。

所以在商业模式的设计过程中懂得消费心理学至关重要，只有这样才能够一矢中的，设计出让人无法拒绝的商业模式来。

顶层设计

顶层设计最初是工程学的一个概念，本义是统筹考虑项目各层次和各要素，追根溯源，统揽全局，在最高层次上寻求问题的解决之道。

顶层设计在商业模式设计中同样至关重要，它涉及公司未来的股权结构、战略、规划、企业文化等，其中股权结构为重中之重，不合理的股权结构会导致公司永远长不大。而企业文化则为公司注入了先天的基因，决定其最终成为一头大象还是一只老鼠。

品牌策划

能够做到口口相传的牌子才称得上品牌。

品牌是给拥有者带来溢价、产生增值的一种无形的资产，他的载体是用以和其他竞争者的产品或劳务相区分的名称、术语、象征、记号或者设计及其组合。根据这个定义，品牌策划即对品牌载体各方面个性化、独特化的策划，使消费者对品牌产生认知、记忆以及传播。品牌策划是商业模式设计必备的环节，因此设计人员必须具备这方面的能力。

以上是对商业模式设计人员的起码要求。如果脱离了上述六个素质，就不能做出一个很好的商业模式来。

第 5 章

股权及股权激励

　　在如今抱团取暖、合作共赢的环境中，股权激励显得非常重要。
2013 年 5 月 17 日上映的电影《中国合伙人》，讲述的是从 20 世纪 80 年代到 21 世纪大时代背景下，三个年轻人从学生年代相遇、相识，共同创办英语培训学校，最终实现"中国式梦想"的故事。这部当年囊获多个电影节最佳影片奖的故事片非常好地诠释了股权的问题对事业成功的重要性。

第1节　中小企业的股权解读

根据2012年《中国中小企业人力资源管理白皮书》调查显示，我国中小企业平均寿命仅2.5年。下面我们用一个案例来解析一下为什么大多数中小企业活不过三年。

假设A、B、C、D 4个人来组建一个公司，并且同时存在这样几种情况：第一，他们都有自己的工作；第二，他都是做业务出身；第三，他们都有自己的市场和客户资源。

四个人在一起商量，A说反正以市场为基础，产品找别人代加工，初始阶段投资不需要太大，100万元差不多就可以启动。于是，他们决定共同组建的甲公司的注册资本为100万元。

甲公司的股权结构是怎样的呢？经过协商，A股东占40%，B股东占30%，C股东占20%，D股东说"我还有其他的工作就出资10万元，占10%就可以了"，于是大家把钱打到甲公司账户，甲公司成功创立。

甲公司的股权结构见表5-1。

表5-1 甲公司股权结构表

序号	姓名	出资/万元	占股比/%
1	A	40	40
2	B	30	30
3	C	20	20
4	D	10	10
合计		100	100

仅有钱行得通吗？行不通。要想成功经营一家公司，除了钱，还要有人站出来主持、组织、执行和管理等。选人的时候，大家开始你推我，我推你，最后公推B，由B来做总经理，负责甲公司的日常事务管理。

在这种情况下，甲公司有两种发展结果：一种是公司做得很好，另一种是公司做得不好。

第一种情况：公司做得很好

因为甲公司的四个股东都有资源，把这些资源组织起来，就可以把公司经营得很好。

第一年，100万元股本，净利润200万元。有了净利润，大家按照股份计算怎么分呢？具体见表5-2。

表5-2 甲公司第一年股东分红统计表

序号	姓名	出资/万元	占股比/%	第一年分红/万元
1	A	40	40	80
2	B	30	30	60

续上表

序号	姓名	出资/万元	占股比/%	第一年分红/万元
3	C	20	20	40
4	D	10	10	20
合计		100	100	200

当初投资注册公司的时候大家总共投资100万元，第一年赚了200万元，每个人都可以获得投资额两倍的分红。在任命总经理的时候，大家认为B虽然是总经理，但同时也是股东，参与分红，所以工资不必定那么高。最终决定B的工资为1万元/月，年薪12万元，加上分红之后，B第一年的总收入为72万元。

第二年，有了第一年的基础，所有的市场已经拓开，团队已经练成，成熟的管理模式也已经具备，所以第二年在第一年的基础上，净利润1 000万元，这时怎样分红呢？具体见表5-3。

表5-3 甲公司第二年股东分红统计表

序号	姓名	出资/万元	占股比/%	第二年分红/万元
1	A	40	40	400
2	B	30	30	300
3	C	20	20	200
4	D	10	10	100
合计		100	100	1 000

在这样的分配制度下，B的分红加上12万元年薪，第二年总收入为312万元。开年会的时候，A与B聊天，说："我的原公司做得不是很好，去年我才赚300万元"，加上A在甲公司的分红400万

元，A第二年总收入是700万元。C和D也有自己的公司，一年也各赚了400万元和200万元，但这是其他的收入，加上两人在甲公司第二年的分红200万元和100万元，C第二年总收入是600万元，D第二年总收入是300万元。四个人第二年的总收入见表5-4。

表5-4 甲公司第二年各股东总收入统计表

序号	姓名	占股比/%	第二年分红/万元	第二年其他收入/万元	合计/万元
1	A	40	400	300	700
2	B	30	300	12	312
3	C	20	200	400	600
4	D	10	100	200	300
合计		100	1 000		

在第二年开年会的时候，B就在想，开这个公司大家总共才凑100万元，A当时只出了40万元，第一年分红80万元，第二年又分走了400万元；C当初只出了20万元，第一年分红40万元，第二年又分走了200万元；D当初只出了10万元，第一年分红20万元，第二年又分走了100万元。

如果你是B，你会怎么想？作为甲公司的总经理，第一年就帮助你们拿回两倍的投资额，第二年又给你们带来了400万元、200万元、100万元的分红，你们还想来继续分吗？这恐怕是大多数人的想法，B心里感觉极大的不平衡。按照趋势和计划，第三年在这个基础之上是可以赚3 000万元净利润的，大家心里都是知道的。如果这样，请问A要拿走多少分红？1 200万元。B会想"我能拿到多少钱？就是把年薪提到50万元，一年的总收入也只有950万元而已。我帮你们赚了这么多的钱，你们就只管分红，可你们当初只投了40万元、20万元、10万元，而两年我给你们分了480万元、240万元、120万元，还不够吗？难道第三年我还要再给你们每人分几百、上千万元吗？"

源于人性的贪欲和自私，在第二年开年会的时候，B就故意将了A、C和D一军。他说："其实我之前也有自己的公司，但为了这个公司我放弃了原来的公司，而你们现在都做得很好，我也想回去做自己的老本行。要不A你来做甲公司的总经理吧，或者C、D来做也可以。"大家心里都明白，一个公司成立了两三年之后，离开了B这个领头人，可能就会变质，不再赚钱，就失去了原本的价值和意义。A、C、D三个人中不管任何一个人来干，甲公司可能都不会再像现在经营得这么好。

那么接下来就只有两条路：第一条路是干脆散伙不做了；第二条路是第三年明显能赚3 000万元，但B要求客户直接把1 000万元转到自己公司的账上，另外2 000万元转到甲公司的账上再进行分红，这就是第二大股东在拿回扣，这样血淋淋的例子在现实中确实存在。A、C、D知道了这种不公平肯定容忍不了，这时矛盾也就产生了，好好的一个公司就做不下去了。所以两条路可以说是殊途同归。

从这个案例中我们可以看到，这个公司本身没有问题，正常情况下第三年能赚3 000万元净利润，第四年可能能赚5 000万元，但是现实情况往往是没有第四年、第五年，甚至都没有第三年，就算公司做得很好，最终也会失败。

第二种情况：公司做得不好

如果公司做得差，第一年100万元投资都花完了，但结果却不好。于是B找到A、C、D说，现在100万元没有了，需要大家再凑100万元，我们再继续拼一下。按照股权比例，需要你们再投40万元、20万元和10万元，这个时候大家可能会说"不想再做了"。

可见，公司做得好，走不了三年；公司做得不好，可能走不到半年。这就是股权分配惹的祸，"成也萧何，败也萧何"。为什么这样详细地阐述呢？就是希望大家能够让自己置身到这种情景中去，设身处地地去想，如何合理地规避和解决这个问题，不要让一个很好的公司，兄弟式的合伙，最终仇人似的散伙。

第2节　为何需要股权激励

前文第1章第4节中提到的水库式经营，就是让企业的现金流要像水库一样留出一定的富余量，根据企业经营的情况慢慢放水，这样即使外界情况发生变化，企业经营也不会受到很大的影响，从而使企业维持稳定的发展。

股权激励，实际上就是告诉大家如何去建立自己的"水库"。

利用股权可以建立内水库——公司内部的水库，就是把股权分给核心成员，用以激励所有的管理团队及员工，把所有公司成员的心凝聚在一起，从而实现"分股收心"。

对外，也可以用股权建立水库——外水库，就是通过并购，把别人的公司给合并过来，或通过融资收别人的钱。

股权的作用

为什么要做股权激励？股权到底有什么样的魅力？股权到底能代表一些什么东西？我们说股权代表资金、资源、市场、人才、技术和管理。

1. 资金

股权可以代表资金，股东通过股权的转让，能够让股权变现从而获得现金。比如很多的创业公司，包括互联网行业的巨头在内，他们企业发展的资金大部分都是通过释放股权的形式获得的。

2. 资源

股权也可以代表资源。凭一个人的资金，很难把一个企业做大做强。比如，很多互联网巨头都会选择跟微信合作，为什么呢？因为微信的用户数量已经超12亿人，这里面有各行各业的客户资源。合作就是共享微信的用户资源。

3. 市场

股权还可以代表市场，必要时我们要把自己的产品依托于大的企业，要结合它的市场，借船出海。很多有好的核心技术的企业会跟大企业合作，目的就是要共享大企业的市场。简单地说，就是你有一个客户，现在我可以通过股权合作将你的客户共享过来。

4. 人才

股权也可以留住有能力的人才。假设你是一个互联网公司的创始人，创业之初，腾讯公司的一位副总裁说要和你合作，但他不给你投一分钱，请问你要不要给他股权？答案是必须的。

5. 技术

股权也可以代表技术。比如雷士照明是做亮化工程的，施耐德电气为什么要并购雷士照明呢？因为施耐德电气需要它的技术。很多企业强强联合、强强合作，是因为"我有这个技术，而你需要这个技术"。

6. 管理

股权还代表管理。创始人不一定懂管理，当有了资金、资源、市场、人才、技术之后，如果不能做好管理，企业也很难维持下去，因此对于不懂管理的创始人来说，这个时候就需要用股权请一个管理专家来管理公司。

股权激励的前提

大家务必要记住，股权激励的前提是要拿起放大镜看人、看钱、看资源。

1. 看人

"看人"主要是看未来合作人的格局够不够大、素质够不够高及人品如何等。人对了，拿他的钱才能对事业有帮助；人不对，拿他的钱叫饮鸩止渴。所以不是什么人的钱都能要，不是什么人都适合做股东。一定要谨慎考量对方的动机，如果动机不纯，这个钱坚决不能要。如果未来合作人的背景不良，本身身背官司、债务缠身，他的钱也不能要。还有一种就是身边的亲戚朋友的钱，或许他们本身没有投资的实力，结果给你投资之后，天天向你要回报，追问你做得怎么样、赚到钱没有，如果你天天穷于应付这些，哪来的心思去做事呢？

2. 看钱

股权对公司而言是很珍贵的东西，我们在前面章节已经讲过，股权代表的是权利和钱。创始人一定要记住，在任何情况下都坚决不能要不良资产，更不能要来路不明的钱。如果你要了一个信用不良的合作人的钱，最后你很可能会官司缠身，尽管你的企业本身没有问题。当然不是每个人给你钱都会告诉你这个钱是有问题的，所以一定要去考察他的背景，调查他投资的钱来源于哪里。

3. 看资源

没有资源的股东最好也不要，否则你必然会后悔，拿了这个钱，对你的公司发展可能没有太大的推进作用和帮助，反而还成为累赘。就像我们在本章第1节所讲的案例中，A最开始只出40万元，如果他有资源还稍微好一点，但如果他既没有资源又只投资了40万元，之后坐分几千万元，那对B来讲十分不公平，如果亏本，要靠他自己去想办法解决，他千辛万苦地扛过来，大部分的利润又会被别人瓜分走，这就很糟糕。

第3节 你必须懂的股权知识

无论做什么事情，知识都很重要，而股权知识对公司尤其重要。

公司法相关规定

表5-5是以《中华人民共和国公司法》为参考对每种股权比例

赋予的法律权利进行解读。

表5-5 不同股权比例的法律意义

序号	股权比例/%	法律意义
1	100	一股独霸
2	67	绝对控股，拥有所有的重大事情的决策权
3	51	相对控股，对部分重大事情有决策的权力
4	34	一票否决权
5	20	合并公司的财务报表的权利
6	10	可以申请公司解散
7	5	股东的变更要通过公示
8	1	查看公司的财务报表权

下面我们就表5-5中所述的股权法律意义进行具体解析。

1. 100%

100%股权都是你的也就是"一股独霸"。投资人在投资过程当中会看你的股权结构，如果你的股权是100%，说明你是一个吃独食的人，没有团队作战的意识，也没有共享思维，这种企业投资人一般不会投。

2. 67%

拥有大于2/3的股权，就属于绝对控股，拥有所有的重大事情的决策权。任何公司的重大事情都需要董事会举手表决，只有举手股东的股权之和超过2/3，即大于66.67%才可以通过，而67%就是超过2/3，所以说这个时候你是有绝对控股权的。67%的法律意义其实跟100%没有区别，你行使的权利都是一样的。

3. 51%

拥有大于1/2的股权，就属于相对控股，对重大事情有决策的权力。如果有些重大事情需要一半人通过才生效，那你一个人的股权大于50%，就是你一个人说了算，所以很多企业去全国各地开分公司，都是以持股51%为底线。

4. 34%

拥有大于1/3的股权，就拥有一票否决权。33.33%是1/3，34%就是大于1/3。有心人会注意到，34%和67%是相互制约的，如果你达到67%，那我就只能是33%；如果我拿了34%，你就只能拿66%。

一票否决权具体是指什么呢？就是开会的时候你可以决定什么，我可以反对什么，如果你拥有34%的股权，你的反对就是有效的。比如某企业创始人因为一些原因不能直接管理企业，甚至无法在企业中任职，但他有效地利用这个武器，同样可以牢牢地掌控自己的企业。

5. 20%

"界定同行业竞争的权利"是什么意思呢？就是如果你拥有的是法人股且拥有20%的股权，就可以合并该公司的财务报表。比如，有一家大公司要并购你的公司，如果他对拥有10%的股权不感兴趣，对拥有15%的股权也不感兴趣，一定要拥有20%的股权，这个时候你一定要小心了，因为他一定是要合并你的业绩和财务报表，到时你连单独上市的机会都不会有。曾经有个机构来找笔者合作，他们想打造一个"百企联盟"上市。"百企联盟"是什么意思呢？

就是多个企业打"包"一起上市，"包"里的100家公司各自拿出20%的股份，凑在一起合并财务报表，然后统一上市，这100家公司里面，哪怕有做得比较好的公司，拿出20%的股份加入这个"百企联盟"之后也无法再单独上市了。

6. 10%

拥有10%的股权，就可以申请公司解散。

7. 5%

股东的变更一定要通过公示。很多的公司因为前期的发展需要，而公司管理又不规范，做事情靠感情，所以有些股东可能只占5%或6%、7%、8%的股权，但到了最后公司要上市的时候，一审查发现有的股东有案底，审核的时候就不通过。因为要上市，同行也要阻击你上市，而这一瑕疵就是他们阻击你的把柄，所以即使只有5%的股权，也一定要慎重。

8. 1%

拥有1%的股权，就可以查看公司的财务报表。想要战略合作，公司赚多少钱不能仅凭嘴巴说，需要看财报、查账，所以要占1%股权，从而拥有这一权利。有了这个权利，哪怕说得天花乱坠，只要翻一翻你的财务报表，查一查公司的老底就什么都透明了。再者，很多人以为1%无关紧要，但是1%股权在分利、分润、分红的时候也是钱啊。如果你可分利润是1亿元，1%就是100万元，而且你一旦有1%的股权，你就有资格进入董监高（上市公司董事、监事和高级管理人员的简称）的会议。

股权分类

股权的类型有业绩股、期权股、虚拟股、限制股、优先股和注册股。

1. 业绩股

业绩股，顾名思义是以一定时间内的业绩目标为考核指标的股权激励方式。激励对象通常为员工。激励方式通常分为两种：一是直接奖励激励对象一定份额的股权；二是激励对象用奖金购买公司股权。需要注意的是，业绩股一般需要满足一定的时间和基本业绩条件才能受益，也就是并不是获得当下就受益。

2. 期权股

期权股又称股票期权，是公司给予经营者在一定期限内按照某个既定的价格购买一定公司股票的权利，所以期权股并不是股票本身，而是一种权力，经营者可以根据情况选择买或者不买。

3. 虚拟股

虚拟股是指仅享受分红权和股价升值收益权的虚拟股票，通常用于激励表现出色的员工。持有虚拟股与持有普通股最大的不同在于，虚拟股的持有人没有所有权，也没有表决权，而且不能转让和出售，其离开企业时分红权、股价升值收益权也会自动失效。

4. 限制股

限制股，即限制性股票，指上市公司按照预先确定的限制条件授予激励对象一定数量的本公司股票。限制条件主要体现在两个方面：一是获得股票的条件，二是出售股票的条件，但通常来说，重点是在出售股票的条件。上市公司授予激励对象限制性股票，应当在股权激励计划中规定激励对象获授股票的业绩条件、禁售期限。

5. 优先股

优先股是享有优先权的股票。优先权主要体现在对公司资产、利润分配方面。事实上，优先股的持有者对公司的经营没有参与权，对公司事务没有表决权，也没有选举权及被选举权。此外，优先股的持有者不能退股，但大多数优先股股票都附有赎回条款，可以依照赎回条款被公司赎回。

6. 注册股

注册股指的是在工商局注册登记的股份。需要注意的是，注册股不一定是原始股。比如，张三、李四两个人分别出50万元注册了一家公司，他们手上持有的既是注册股也是原始股。第二年，王五也投资50万元加入股东行列，并且在工商局变更了股东，那么王五持有的就是注册股但不是原始股。注册股一般用于激励外部投资人，不适合用于激励员工，因为一旦持有注册股，员工的身份就变成了拥有实质经营管理权利的股东，其心态、工作态度等可能会发生改变。当然，如果是忠诚度非常高且非常优秀的员工，运用注册股进行激励，会让员工更有安全感，激励效果也会更好。

股权八定

1. 定对象

前面章节中我们已经讲了前提，不是人人都有资格做你的股东。

2. 定模式

股东怎么样进？怎么样出？

3. 定来源

需要哪方面的股东来补充公司的短板？

4. 定数量

股权融资当中，有很多的企业在天使轮就要稀释40%的股份，请问未来再融资怎么分？所以，创始人要定好用于融资的股权数量不能只看眼前，要有长期战略。

5. 定价格

公司的估值是多少？估高了没人投，估低了公司赔。

6. 定时间

你是否规划了融资路径，融资路径中的时间是否定得合理？如果是股权激励，最佳时间点在哪？

7. 定条件

需要具备什么样的条件才可以成为你的融资对象或股权激励对象？

8. 定机制

采用什么样的股权类型？

第4节 股权激励的设计

股权激励一定要从企业的实际情况出发，要有规范的合同，真实可行。

股权激励案例

我们在阐述股权设计前，先来看两个股权激励的案例。

深圳有家企业，是做手机周边产品的，包括数据线、平板膜、手机套等。由于市场竞争激烈，为了让公司能够更好地发展，老板决定做股权激励。于是他去一个培训机构学习，学习后他觉得确实很有必要做，然后回去就雷厉风行地实施了。后来他跟笔者讲，做完股权激励后两三个月业绩是好一点，但是后来推不上去了。问题出在哪里呢？我们进行了以下问答：

第一，你的股权结构是怎样的？他说，自己拥有100%的股权。

第二，你的员工有多少人？他说，员工有28个。

第三，你的高层管理团队是怎样的？他说自己是董事长，夫人管财务，侄子是厂长。

第四，你现在的业绩怎么样？他说，与前两年相比有一点下滑。

第五，你是怎么做的激励？他说，学习了3天回去后，我就买了旗帜，大张旗鼓地做了全员参与的股权激励，结果最后失败了。

这是一个失败的股权激励案例，失败的原因很多，后面我们将一一为大家解析。接下来我们再看一个案例。

2017年3月，笔者在深圳前海股权交易中心组织资本运作方面的学习。有个企业的创始人参加了学习，还拍了很多照片

和视频。回去后，他有意识地做了很多工作：

第一，他让全公司的人都知道他去学习资本运作了。

第二，他申请了新四板，并在新四板挂牌的时候带着他的高层管理团队一起去敲钟，让整个管理团队体验公司挂牌的荣誉感。

第三，他经过仔细地推敲后将股权激励的宣布时间定在了公司年会上。在年会上，无论是高层管理者还是普通的业务员，都刚刚拿完奖金，正是高兴的时候，他宣布明年要做股权激励，一下子将年会推向了一个高潮。但他紧接着说，现在你们不用交钱，先回去过年，过年期间和家人好好商量一下，考虑清楚了，年后我们再正式实施。

第四，不是每个人都有资格参加股权激励。工作没满一年及业绩不达标的员工，没有资格参与。有刚来半年的员工当时就说，我们可不可以不要工资但让我们参与啊？他回答说："不行！而且该发的工资一定发给你，没有工资你怎么吃饭啊？你吃饭都保证不了，怎么给公司工作？怎么跟公司共发展啊？所以这个钱我不能要。"

年后一个月，经过统计公司40多个人中有18个人符合条件，有资格参加这次的股权激励，并且这18个人都愿意参加。最后，公司向这18个人内部融资了360多万元，股权激励实施成功。

显然，这是一个股权激励成功的案例。分享这样两个案例，是想让大家明白怎样成功地进行股权激励，接下来进一步分享股权设计和股权激励的基本原则和方法。

股权激励的对象

公司为什么要进行股权激励？通常有两个方面的原因：一个是融智，即吸引核心人才、留住核心人才；还有一个是融资，即吸引资本、获得资本。因此，股权激励的对象通常有天使投资人、投融资机构、公司内部员工及未来激励对象。

股权激励的数量

股权激励时释放股权数量要合理，要预留相应数额的份额，以便未来吸引资金、市场、人才及渠道关系。确定股权激励的数量时，一定要遵守法律规定。

法律对上市公司股权激励的数量有强制性规定，具体内容如下。

> 《国有控股上市公司（境外）实施股权激励试行办法》第九条规定：
>
> 在股权激励计划有效期内授予的股权总量，应结合上市公司股本规模和股权激励对象的范围、薪酬结构及中长期激励预期收益水平合理确定。
>
> （一）在股权激励计划有效期内授予的股权总量累计不得超过公司股本总额的10%。
>
> （二）首次股权授予数量应控制在上市公司股本总额的1%以内。

对于非上市公司而言，法律并没有强制性规定股权激励的总额是多少，企业可以根据自身情况酌情设置。

股权设计原则及方法

1. 体系公平

体系公平主要体现在使贡献和股权相关。最重要的是，公平并不是简单地写到纸上就可以的，必须要让激励对象发自内心觉得公平，这种对公平的感知感、认同感，可能比拥有很多股份更具有激励性。

在前述的股权激励失败的案例中，公司老总不但"一股独霸"，而且他的夫人管财务，侄子当厂长，这就完全丧失了公平的原则。

2. 把握契机

从前述两个案例的对比，我们能够看出，股权激励提出的时机很重要，不能随随便便地提出，一定要把握好契机，这样才能够事半功倍。

3. 设立门槛

股权激励必须设立门槛。前面与大家分享的失败案例中，它的股权激励就没有设立门槛，美其名曰"全员参与"。全员参与的股权激励体现的是不论结果好坏都一个样，从而失去了公平公正，所以非但起不到激励作用，还会有消极的副作用，也就注定了其失败的结局。而成功的案例中，对股权激励对象设立了明确的门槛，并不是谁想参加都可以的，这是其成功的重要原因之一。

4. 设计退出

所有的股权激励，目的是让大家心往一处想，劲往一处使，公司上下拧成一股绳，但再好的宴席也有散场的时候，要好聚好散。如何做到好聚好散呢？如果股权激励的退出通道没有设计好，后期会造成很多的矛盾。比如短时间之内，有人急着套现，这时要转走大量的现金，从而造成公司不能正常运营，严重制约公司发展，所以退出通道一定要设计好。

5. 严查动机

当我们的企业做得越来越好，在发展期并走上坡路的时候，很多机构、很多资金都会想来搭顺风车，他们很愿意把资金给你，放到你的项目里面来做资产增值。但是如果动机不纯，不是来合作、相互成就的，而是想把你"吃掉"，或者所谓的投机倒把之类，动机就是不纯，这个资金就坚决不能要。

股权设计禁忌

我们经常会遇到一些设计得不是很科学的股权结构，下面我们列举几个比较典型的进行分析，希望大家可以举一反三。

1. 一股独霸

站在投资机构的角度来看，如果一个公司的股权是"一股独霸"，他们会认为这个老板的思维还处于单打独斗的段位上，他还在二三十年前的那种个体创业、家族式小作坊的层面上，还没有合作共赢、资源整合及抱团取暖的基本意识，在经营过程中可能不具有包容性。如此一来，其他的资金、资源、人才就无法进来。

2. 过于分散

有很多初创期的公司只需要投资一两百万元，甚至几十万元，但是股东却有几十个，每个人出资可能只有三五万元甚至一两万元。尽管这个项目确实不错，大股东本人也可能很好，但是一个公司有几十个股东，一旦需要作一些决策，就需要几十个股东一起开会，商量来商量去，效率极其低下。等商量好了，投资人可能已经投资到竞争对手那里了。还有一点需要强调，一个有限责任公司最多可以允许有 50 个股东，如果前期股权过于分散，股东过多，后期融资可能就会比较麻烦。

3. 过于均衡

如果一个公司有四个股东，这时股份要怎么划分呢？如果每个人的股份都是 25%，即便你的公司项目再好，技术再好，市场再好，前景再好，也注定做不好、做不大，因为四个股东都是平等的，相当于该企业没有一个大家长，没有一个能够拍板和说话算数的人，这就造成"人人都可以决策，人人又都决策不了"的局面，这是股份过于均衡的最大弊端。

4. 过于复杂

通常情况下，无论做什么事情我们都力争化繁为简，正所谓"大道至简"，但有些企业老板或者创业者反其道而行之。一个创业型公司前期才四五个人合作，结果开发了几个持股平台出来，多重嵌套复杂之极，股东结构到底如何，讲半天也讲不明白。股权结构一定不能过于复杂，特别是在创业初期。

5. 没有预留

在融资的时候，投资机构一定会看你要融多少金额，释放多少股份。有的老板没有这种意识，需要的钱多一点，就多卖点股份。有的一开口在 A 轮、董事轮，甚至还从未拿过任何机构或任何员工的钱，就开始释放百分之三十、四十的股份，请问未来你的股份如何稀释呢？创业初期就把公司的股权分得干干净净，请问有资源、有能力、有市场的后来者怎么办？如果开始就没有预留，未来你用什么吸引机构、人才、资源、资金、市场等等。

6. 关系错乱

有的人不止一个公司，甲公司持有乙公司的股份，乙公司又持有丙公司的股份，丙公司又持有甲公司的股份，置换来置换去，几圈下来就把人转糊涂了，投资机构最后都不知道到底谁是谁。

最优股权设计

一个优质的股权结构，首先要从对相关法律的了解开始。

1. 股东人数

《中华人民共和国公司法》规定，一个有限责任公司，最多的股东人数是50个人，即不能超过50个人；而一个股份有限公司，最多的股东人数可以是200个人。所以很多人利用股价有限公司的这个性质，在公司股东人数较多时，为避免股权过于分散，就会建立一个股价有限公司作为持股平台，来持有这个有限责任公司的股份。

2. 初创期股权设计

如果企业处于初创期，在未与机构对接，没有成功融资之前，最好的股权结构是注册股东人数不要超过10个人，最好是5个人以下，且最好能够呈三角结构，大中小股东一目了然，大、中股东是谁非常明显，小股东也要有。一生二，二生三，三生万物，三才称之为多，有3个股东以上，说明在这个公司的体系中，老板是有格局的，能容人，是一个团队在作战。当然也有2个人，但那有可能是夫妻、父子，也可能是兄弟，所以3个人的这种大中小结构格局会比较好一些。

3. 发展期的股权激励

处于发展中的企业，一般规模比较大一些，要做股权激励就一定要经过专业的股权架构师设计，因为这是一个专业的、精细的工作，如果由一个只知其然而不知其所以然、似懂非懂的人去设计，后期一定会有隐患。

投资人关注的股权问题

在投资的过程中，投资机构通常会对公司的股权结构进行了解、评判。基本上，投资机构会从以下几方面来评判。

1. 股权整体情况

股权整体情况，即公司的股权结构是不是科学，是不是过于分散，是不是"一股独霸"，有没有弊端等。

2. 股权是否合理

看公司的股权是否合理，主要是看是否有预留。

3. 原股东之间是否有矛盾

原股东之间是否有矛盾，即几个原始股东、创始人间是否有矛盾。如果有且已经激化、激烈，打得不可开交了，这时你的项目再好，投资机构也不会投。因为投资机构进来后可能很快会闹到法庭上去，结果一目了然，明摆着钱会打水漂。内部的矛盾已经产生了，他们自己就会分化、瓦解。这个时候，投资机构一般不会冒险。

4. 上轮次融资情况

你的企业现在是第几轮融资，是天使轮、A轮，还是B轮？上一轮、上两轮、上三轮的融资情况是怎么样的？合作的机构是谁？他们有没有资源、资金信用背书的实力，你跟他签的退出通道是怎么样的？如果上一轮融了1 000万元，马上到期了，需要2 000万元退出，新一轮投资人是来接盘，投2 000万元是被你用于还账，明摆着，这种情况下投资机构也是不会投的。

5. 股权融资路径规划

对于初创期公司来说，如果融资2 000万元就一定能做到上市，那是不现实的，不可能的。很多人在和投资机构交流的时候会说，你只要投这一次就够了，事实上这种情况在资本市场上是不存在的，那只能表明你的信心，并不会让投资机构动心。融资是一轮接一轮的，会一直融下去，直到上市，再通过发行股票，通过二级市场变现，所以融资一定是有一个融资路径的，你说你只融这一轮，那你下一轮的粮食在哪里呢？你的公司怎么再向前发展？这只能说明你的战略规划不清晰。

一个公司的融资路径，相当于我们新开设一个公交车的路线，从起点到终点，起点是创业融资，终点是上市，你中途要停留几站？在这个公交车开通之前就需要设计好公交站牌，然后公交车按图行驶运营。我们的公司一旦设立，后面要融几轮资、拿这个钱来做什么等等，这些都需要事先做好战略规划，所以一定要设计好资本融资的路径规划。

6. 出资与股权

在很多技术型公司中有很多博士或其他技术人才，在注册公司时，一些权威技术人才可能说他不出资，只出技术占股份，但占多少合理，出什么样的技术，这种技术在行业里有怎样的地位？还有的说出市场，出资源，反正不出钱。还有的说全职在公司上班，但不要工资，即出人工、出体力，但就是不出钱……如此种种，这些情况怎样处理呢？

比如一个博士发明了一个专利，凭这个专利占了公司50%股份，然后要求投资机构投5 000万元，占5%股份，那投资机构是不是需要衡量一下你的技术是不是值这么多钱？你需要多少钱，要释放多少股份？这些都是投资机构要考虑的事情，关系公司估值的大与小。

股权激励的高压线

一般情况下，做股权激励有两根高压线，也就是股权激励设计的两个前提。如果这两根高压线中的任何一根被踩到了，股权激励注定会失败。

1. 前提条件不成熟

如果公司就几个人，或者业绩没有做起来，明显对员工、对投资机构一点吸引力都没有，明知不可为而为之地去做股权激励，再专业，再厉害也没有用，因为大的前提还不成熟，时机不到，就不要提前做这个动作，不能为了股权激励而去做股权激励。

2. 前期激励没兑现

笔者遇到过很多这样的案例，就是企业老板通过学习，对股权激励一知半解，像盲人摸象一样没有系统的、全局的思维，就自己在公司内部做股权激励，但做过后却没有兑现。他的高层管理团队、供应商、员工已经对他失去了信心，在这种失信的情况下，再做股权激励通常是徒劳的，所以不懂尽量别做。

第5节 公司估值及资本退出

公司估值是投融资、交易的前提。投资多少钱，占有多少权益，首先取决于公司估值。而资本退出通道则是保障投资机构资本收益的前提，也是企业保持正常经营的保障。

公司估值

简单理解，公司估值就是指公司值多少钱，这是一个非常专业也非常复杂的问题。

1. 估值越大越好

人都有自私的心理，很多企业的老板在融资过程中都希望公司估值高一点，股份价格也卖得高一点。大家都希望给出去的股份越少，拿回来的钱越多越好，其实这是错误的。

股权融资一定要进行严格的规划，不是公司估值越高、股份卖得越贵越好。公司的估值越高，特别是天使轮或者A轮，早期估值越高，后期再融资时你的压力就越大。你前期融5 000万元占公司5%的股份，后期就可能融5亿元才占公司5%的股份，估值会越滚越大，最后可能会把公司压垮，这就是为什么有很多的企业融资成功两三轮后企业却垮掉了的原因。因为当公司估值越来越大，甚至搏到百亿元的时候，市场发展速度或公司赚钱的能力却跟不上，这个时候就会没有人再来投资这家公司，只有把公司的估值降下来，可前面几轮的投资人会答应吗？肯定不会。

所以想把公司价值估得巨大的这种想法，就是把自己放在火上烤。融资起步阶段公司估值越高，后期融资的压力越大。

2. 初创企业的估值方法

因为初创企业通常没有利润，所以要根据现金流水进行估值。初创企业通常采取以下公式进行估值。

> 企业估值＝现金流水×（3～8倍）×1.2（专利）×1.2（品牌）×1.2（市场）×1.2（团队）

退出通道

一般来说，资本退出通道有以下几种。

1. 上市

上市是最好、最理想的退出通道，同时也是最难的退出通道。要想在我国上市，必须满足如下条件。

> （1）净利润。3 000万元，这是理论上的最低标准，通常没有5 000万元的年净利润，想上市几乎一点可能都没有。
>
> （2）上市前三年财报。财务模型为3＋2模式，即3年财务数据，2年财务预期。没有数据就没有参考，看财务数据就是看公司的发展趋势。
>
> （3）是否符合能够上市的基本条件。和公司合作的律师事

务所、会计师事务所、咨询事务所（导师）及券商有了吗？如果没有，3年内上市就是笑谈。

2. 并购

并购通常是指被上市公司并购，那么上市公司喜欢什么样标的的企业呢？答案是"高利润的公司"。上市公司并购是为了"填坑"，就是为了借助你的高利润美化他的财务报表。在上市公司眼中，你就是一碗肉、一盘菜，所以你需要关注同行业中有几家上市公司，他们是否有战略合作者，是否有人关注你等信息。

3. 接盘

接盘就是资本路径，谁来接盘，有没有人愿意接盘取决于公司的初始估值。

公司要想上市，需要融很多轮资，一开始把公司估值定得很高就是把自己放到火上烤，所以，公司初始估值是5 000万元还是1亿元很重要。假设公司估值如下。

A轮：融资2 000万元。

B轮：4 000万元 + 6 000万元 = 1亿元，其中4 000万元用于还A轮的账，6 000万元用于公司发展。

C轮：1亿元 + 1亿元 = 2亿元，其中1亿元用于还B轮的账，1亿元用于公司发展。

D轮：2亿元 + 2亿元 = 4亿元，其中2亿元用于还C轮的账，2亿元用于公司发展。

> E轮：4亿元＋4亿元＝8亿元，其中4亿元用于还D轮的账，4亿元用于公司发展。

这就是非常明显的接盘。当然，如果你的公司发展得好，则可以省略中间几轮融资，只有天使投资和私募股权投资即可，这是最理想的，但能够做到这点很难。

4. 回购

回购主要是指公司或者原始股东等通过收购投资人所持的股权，使得投资人实现退出。此路基本不通。

资本退出

资本退出的设计是一门很科学的学问，涉及很多方面。

1. 退出条件

在股权设计里面，要写好合约，明确设计退出的机制、路径、条件、时间、数量及上述约束达到什么条件下才可以退出。

2. 接盘对象

在资本退出时大股东可以回购，但如果大股东没钱，投资人可以把这个股权转让。如果转让，第三方靠不靠谱，做你公司的股东安不安全？这是必须要考虑的。如果没有这个约束，最后辛辛苦苦做起来的公司就可能会被"拉下水"。在这种股权结构下，你的公司还能做得下去吗？

3. 退出时间

多长时间退出？每次退出的数量是多少？比如10%的股权，投资2 000万元翻一倍对赌，4 000万元在3年之内退出。如果时间一到，投资人要你一个月之内把4 000万元现金全部拿给他，他要干干净净地退出，到时你的公司可能就要面临资金链断裂，一旦出现这种情况就是死路一条，所以退出的时候一定要分批退出，在设计好的时间节点上面缓缓而退，而且每次退出的数量也有一定的要求。

4. 退出数量

通常情况下投资退出是按照3＋2设计的，就是3年的投资期，2年的退出期。比如10%的股份，按照"4%、3%、3%"或"5%、3%、2%"的比例分批缓缓而退，这样就不会动摇和伤害这个公司的根基。

5. 退出方法

退出方法即退出通道，我们在前面已经介绍过，这里不再赘述。

6. 合同规范

很多传统企业老板，创业初期都是跟自己的同学、亲戚、朋友、战友等合作，都是君子协议或口头协议，但是一个小公司一旦发展起来面临很多财富的时候，没有法律文书，没有白纸黑字的合同规范的约束，就会衍生很多的矛盾，这个时候就可能会造成"兄弟式的合伙，仇人式的散伙"，所以，哪怕是亲兄弟也要明算账，签署合同规范。

第6章

商业计划书

　　前面我们分享了资本思维、产互融结合、顶层设计、商业模式和股权及股权激励，这时我们的拳头已经握紧了。后面我们要与大家分享怎样对外，也就是如何面对机构去融资。有一句话叫作"商场如战场"，大家在商场作战，融资之前必须要有一个好的工具，这个工具就是商业计划书。

第1节　为何需要商业计划书

商业计划书（BP）是为一个商业发展计划而做的书面文件，是公司为了达到招商融资和其他发展目标，根据一定的格式和内容要求而编辑整理的一个向受众全面展示公司和项目目前状况、未来发展潜力的书面材料。

商业计划书是一份全方位描述企业发展的文件，是企业经营者素质的体现，是企业拥有良好融资能力、实现跨越式发展的重要条件之一。一份完备的商业计划书，不仅是企业能否成功融资的关键，同时也是企业发展的核心管理工具。

一般商业计划书都是以投资人或相关利益载体为目标阅读者，从而说服他们进行投资或合作。

企业家融资的神兵利器

任何英雄都有自己的神兵利刃，我们列举小说中的三个经典人物举例说明。

第一个人物就是号称"齐天大圣"的孙悟空，他本领高强，能上天能入海，懂得七十二般变化，是一个很厉害的人物，但他本领再大，也得去东海拿到他的神兵利刃——定海神针。

第二个人物大家也耳熟能详，就是关公"关二爷"。在《三国演义》中，他温酒斩华雄、千里走单骑、单刀赴会等，英雄壮举不胜枚举。他为什么如此了得？除了他本身超群绝伦、武功盖世外，也离不开他的神兵利刃——青龙偃月刀。

第三个人物是金庸老先生《倚天屠龙记》中的"金毛狮王"谢逊。虽然他的眼睛瞎了，却仍然能够独步武林，就是因为他有神兵利刃——屠龙宝刀。

就像古今中外任何的英雄都有自己的神兵利刃一样，在资本市场，我们动辄要融资几十万元、几百万元，甚至几亿元，我们在融资的路上也必须要有自己融资的神兵利刃，也就是商业计划书。如何去做一个合格的、有杀伤力的商业计划书，并将它变成我们企业融资路上的神兵利刃至关重要。

商业计划书的应用场景

商业计划书都有哪些用途呢？换句话说，什么样的情况下要用到商业计划书呢？

1. 政府合作

跟政府合作的项目要有商业计划书。你去跟政府的领导谈合作项目时，包括传统项目及政府和社会资本合作项目（简称3P项目），都需要有一个完美的商业计划书。你不能只凭一张嘴或者一两张A4纸去谈几千万元、几亿元的项目，你需要有一个严谨的商业计划书，告诉领导我们要做什么，为什么要这样做，要怎么做，等等。

2. 融资并购

在竞争异常激烈的市场经济条件下，所有企业都需要去谈客户、谈融资、谈并购等，但只想凭自己的三寸不烂之舌，两手空空就能谈成几千万元、几亿元的融资，那是基本上不可能的，一定要有一个好的商业计划书，才有可能打动投资人、客户。

3. 招商加盟

公司的产品在做市场推广及开招商会的时候，要让代理商们知道公司的想法及产品优势的时候，同样需要有一个好的商业计划书。

4. 公司规划

所有的组织都要有规划，上至国家规划，下至公司规划，都需要有一个计划书，而公司规划的表现就是商业计划书。公司的商业计划书不但老板自己要看，高层管理团队要看，甚至每一个员工都要看，从而让公司中的所有人达成共识，有统一的愿景，知道公司未来的路将会怎么走。

商业计划书的作用

商业计划书对外的作用是融资兼并，包括对政府、对机构、对合作伙伴。

商业计划书对内的作用是定向收心。企业家让自己、股东、高层管理团队及员工都知道企业的规划，企业要往哪个方向发展，企业该怎么样发展等，让所有与公司密切相关的人都能够达成共识，把大家的资源、资金、市场、人才形成一个合力，最大化地定向收心。

第2节 商业计划书的内容输出

一个好的商业计划书就和我们写文章是一样，其内容输出非常重要，但它不是死板的文字堆砌，更不是枯燥的数字积木，它和人一样，要有骨、有肉、有血、有魂。

内容要求

要写出有骨、有肉、有血、有魂的商业计划书，你就必须掌握商业计划书的内容要求。

1. 内容为骨

商业计划书要讲什么内容？要阐述什么？要达到什么目的？这叫"内容为骨"。

2. 展现为肉

有了内容之后要展现，展现形式为整个内容的描述方式，可能是视频、图片、图标、文字及数字等，这叫"展现为肉"。

3. 逻辑为血

商业计划书整个内容的描述和展现要有连贯的逻辑思维，但就像很多人讲故事一样，没有聚焦，没有重点，没有中心，也没有逻辑，他讲了半天你都不明白他到底要表达什么，所以表达逻辑非常重要，我们称之为"逻辑为血"。

4. 顶层为魂

一个好的商业计划书就像下围棋一样，要有大局观。大局观是指棋手对全局形势进行全面分析、观察的能力。对于商业计划书而言，大局观就是顶层设计，就是凡事能够从长远考虑，能够把目光放得长远，能够把整体的利益和局部的利益关系，分清主要矛盾和次要矛盾，以得与失的辩证关系原理看待问题，切不可因小失大，在讲述过程中"只见树木不见森林"。

内容前提

要写出一份好的商业计划书，我们在动笔之前必须要把握以下几个内容前提。

1. 对象

对象即这个商业计划书是写给谁看的？打个比方，如果我是个很厉害的厨师，做菜非常棒，但我还得看进来的客人是哪里人，因为不同地区的人口味不一样，一个好的厨师要针对不同的食客呈现不同的菜肴。如果来的是位广东的客人，但你却上了一盘很辣的菜，尽管这个菜炒得非常好，但是他也可能照样不爱吃。商业计划书也一样，要善于根据不同的对象，呈现不同的内容。

2. 目的

商业计划书是为目的服务的，不是为了写商业计划书而写商业计划书。在商业计划书中，你要阐述清楚你的目的、目标，为达此目标你要怎样做，为什么这样做，要有怎样的设计和规划等。

3. 内容

针对对象的不同、目的的不同，内容自然也就不同。

4. 逻辑

逻辑，即整个商业计划书表达逻辑要具有连贯性、合理性和科学性。

内容要素

商业计划书的主要内容有以下七个要素：

1. 公司产品介绍

即你是谁？你是做什么的？有什么样的产品？

2. 创新商业模式

即你的商业模式是什么样的？有哪些优势？

3. 市场竞争分析

你的市场在哪里？很多人只讲我的产品是什么，不讲市场在哪里，停留在这种思维层面的项目，投资人一般不投。

4. 核心团队介绍

像赛车一样，有了好的赛车，还要看有没有好的赛手，即一个好司机。商业亦然，不管多好的项目，也要看是谁去做，你的产品再优秀，市场和商业模式再好，你也需要有个好的团队，特别是创始人更加重要，背景、资源、技术等不管哪个方面的优势都要尽可能详尽。

5. 专利荣誉

有的人讲得天花乱坠，但仔细交流后发现他还停留在概念阶段，就是我想怎么做阶段，但投资人更关注你已经做了什么，做得怎么样了，有了哪些专利和荣誉，这些专利和荣誉能够为项目再做一次贴金。

6. 财务状况与财务的预测

采用"3＋2模式"，即"过去3年的实际财务指标 ＋ 未来2年的财务预测指标"。假定公司想在2023年融资，那你公司2021年、2022年和2023年的财务数据是怎么样的，2024、2025年的财务指标预测要做到怎样，资金的用途和需求，计划稀释多少股权等都要进行介绍。

7. 公司未来规划

你有没有对未来作科学的规划，未来的目标是什么？你现在在做什么？未来又要做什么？

以上七个要素是对一个商业计划书的综合的、立体的表达。如果把一个商业计划书比作一个人，他/她必须内外兼修，才能够成为一个有独特魅力的人。他/她首先要有内容，包括格局、境界、知识、素质及修养，这些体现的是他/她内在的美；而化妆、着装、发型以及优雅得体的待人接物和言行举止，则体现他/她外在的美。只有这样内外兼修，他/她才可能成为从内而外散发魅力的人。商业计划书也一样，如果只有内容输出，但展现得不好，同样会给人蓬头垢面的感觉。一个通篇全是文字输出的商业计划书，投资人看起来就会很烦，从而可能因为糟糕的心情无法再静下心来深入地去了解你的公司，资本也就可能与你擦肩而过。

正所谓人无完人，好的、内外兼修的商业计划书也是一篇难求。有的人很善于制作形式，设计出来的演示文稿软件（PPT）非常美观，即便是花花草草也能够呈现得非常精美，但阅读完以后你会发现很空，里面啥也没有，而没有内容的商业计划书就是花拳绣腿。有的人制作的商业计划书内容丰富，但却没有好的呈现方式，不够直观，因此也无法深入人心、直入大脑。因此一个好的商业计划书一定要注意内容和呈现形式的完美结合，要争取做到内外兼修。

内容呈现

有了内容的描述之后，还要有好的呈现形式。商业计划书的呈现形式是从哪些方面来体现呢？图6-1所示是商业计划书呈现的常用表达工具。

目前最常用、效果最好的呈现形式是视频。很多比较优秀的企业或项目，都会有自己企业或项目的宣传片、市场推广片或招商片等等，这些通过视频展示出来的内容更容易感动人、触动人，从而植入对方的心灵。

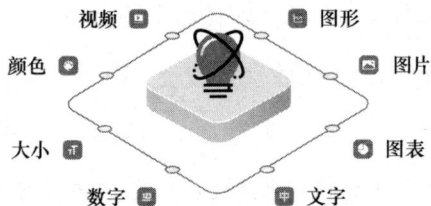

图 6-1　商业计划书呈现的常用表达工具

除了视频之外，还有图形、图片、图表、文字、数字、大小以及颜色等呈现形式。总之，商业计划书越多媒体、多形式地展现，效果越好。

一个好的商业计划书有哪些呈现要求呢？如图6-2所示，一定要满足构图精美、简单大方、方便易记、通俗易懂、形象生动这五个方面的要求。

一个好的项目加上一个制作精美的商业计划书这样好的工具，才有可能让我们在资本市场上春风得意、心想事成。

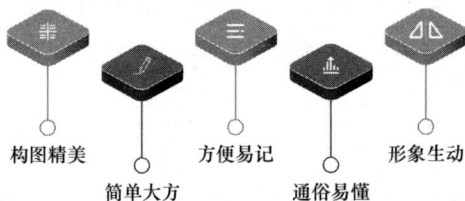

图 6-2　商业计划书的呈现要求

投资人关注要点

我们在前面说过，商业计划书是融资的神兵利器，要想打造一把好的神兵利器，就一定要抓住投资人关注的要点进行阐述，完美呈现重点内容。通常来说，投资人关注的要点有以下几个。

1. 商业模式的优势

所谓优势也就是你的项目有没有模式上的亮点。在竞争激烈的条件下，大家的生意都很难做，为何你能做，而且还能轻松地做？这就是商业模式制胜，所以商业模式一定要做很好的设计。

2. 资金安全

资金安全指的是投资人的资金是否安全，也就是说，万一你有风险，投资人投入的资金能不能保本。

3. 社会价值

项目有什么样的社会价值？这决定了你的公司未来能不能走得长远。任何个人及企业的财富都是社会价值的一种体现。如果一个项目对于社会、对于客户都是毫无意义的，那这个项目就不要去做，投资人也不会去投资。

4. 退出变现

前面与大家分享的资本思维中讲到了投资人是生意人，他只关注钱给了你，你能不能帮他赚钱、变现。买过股票的都是投资人，买完后大多数人都只关注是涨还是跌，能不能卖出去，能不能变现，这是一样的道理。所以，投资人需要知道他把钱投给你之后，你能够在什么时间节点，给他多大价值的利益。

以上四个方面是投资人非常关注的要点，因此我们在商业计划书中一定要重点突出。

第 7 章

融资路演

　　融资路演，即为了达成融资目的而进行的路演。路演在融资过程中，起到至关重要的作用，路演表现对融资结果将会产生很大的影响。

第1节　什么是路演

路演强调的是"演"，即演说、演示。

路演定义

顾名思义，路演最初的含义就是路边演绎的一种方式，但现在广泛用于企业融资或首次公开募股（IPO）时，对资本方的一个路演（包含但不限于证券领域），即在公共场所进行演说，演示产品，推介理念及向他人推广自己的公司、团体、产品及想法的一种方式。

简言之，路演就是用传神的方式演绎愿景，请注意这句话里的三个关键词：传神、演绎、愿景。很多企业老板把路演做成了单口相声，还是很枯燥的那种，丝毫没有"演"的成分在里面，而且因为没有规划，所以就没有愿景，更不用说传神了。

路演类型

路演有很多种类型，但最主要的有以下四种。

1. 提案型路演

大家读书的时候都写过命题作文，提案型路演就相当于命题作文。

2. 沙龙型路演

把投资人或客户聚在一起举办沙龙活动，在活动过程中做路演，这就是沙龙型路演。沙龙型路演的氛围通常比较轻松。

3. 平台型路演

这是最常见、最重要的一种路演类型。开展平台型路演需要有很好的内容输出，有很强的人格魅力及个人的影响力。平台型路演对创始人本人表现力的要求相对较高，典型的如中央电视台的《创业英雄汇》及《赢在中国》等就属于平台型路演。

4. 分享型路演

很多人都到一些知名企业去参观过，这时会有人给大家分享企业的成功经验及所取得的成就，这就是分享型路演，这种路演对企业的要求非常高，基本上都是成功的企业。分享型路演实际上就是成功的企业对其他企业的路演。

第2节 融资路演目的

你为什么要进行路演？目的是什么？考虑清楚这个问题，才能够做到有的放矢。

合作的三大步骤

我们路演的目的到底是为什么？为了阐述清楚这个问题，我们先与大家分享无论是做生意还是交朋友，达成任何合作的三大步骤：吸引、相信和跟随。

1. 吸引

无论做什么事情，我们都必须通过交流，先用自己的影响力来吸引别人，或者吸引我们的合作伙伴。

2. 相信

吸引住别人以后，通过深层次的交流和沟通，让人对你的人品、水平、能力及价值观等有了深入的了解后，别人才会相信你。

3. 跟随

有了吸引和相信的基础，别人就会心甘情愿地跟随你。

融资路演的各方目的

融资路演都由两方构成，一个是项目方，一个是投资方，作为既对立又统一的两方，二者各有各的目的。

1. 项目方的目的

项目方进行融资路演的目的就是能够吸引投资人的眼球。

很多企业老板都以为，路演成功就能够马上拿到500万元、2 000万元、5 000万元，甚至1亿元的投资。大家设身处地换位思考一下，你是企业家的时候，没有做过任何尽职调查，你希望通过5分钟的路演带走2 000万元，通过10分钟的路演带走5 000万元，但如果换成你是投资人呢？你会不会面对一个陌生的企业，仅凭短短的5～10分钟的成功路演就能够作出决定，签署投资意向书，直接给别人投资5 000万元？答案显然是不会，因为5～10分钟路演的目的只是能够做到相互吸引。就像男女间谈恋爱一样，第一次见面最多只能确定要不要继续交往下去，而不是决定是否要结婚或干脆决定什么时候结婚。原因很简单，因为双方尚没有反复沟通和交流，交集很少甚至还根本没有交集，相互间还没有建立信任关系，更谈不上什么感情基础了。融资路演也一样。

这些年，笔者看了很多的项目，也辅导和投资了很多项目，通过这些项目实践，笔者得出一个非常重要的投资定律：投资时，项目方的人非常重要，人不对，项目再好都没有用。

所以项目方在开展融资路演时，不仅要把自己项目的亮点讲出彩的同时，还要间接地、不漏痕迹地展示优秀的人品、超常的能力和正确的价值观，这样才能够真正吸引投资人。这时投资人才可能会对你说："这个项目还不错，我很想和你再继续聊一聊，稍后我们约个时间，请你到我们公司来再详谈一下"。然后你才有机会和投资人面对面地坐下来，用2～3个小时的时间，来详细阐述自己的项目。当然，这也才是刚刚开始，要想进一步吸引投资人，还有很多工作要做，包括尽职调查。

2. 投资方的目的

投资方为什么去参加融资路演？就是要去找好的合作对象和好的投资项目，以便让自己的资金有机会升值。投资方对好的合作对象有什么样的要求？他有赚钱的能力并且人品过硬。对好的投资项目有什么样的要求？它一定要有巨大升值空间！所以，你一定要在路演的5～10分钟之内，表明你的项目有巨大的升值空间，表明创始人有很强的赚钱能力并且人品很好。

有的老板在融资路演中很实诚，他说自己仅学习就花了几百万元，而且是被人家骗了几百万元，最后什么也没学到。当他说出这句话的时候，就注定了没有人会投他。原因很简单，仅学习你都能够被人忽悠几百万元，现在说你被人骗得很穷，这说明你连守住钱的能力都没有，更何谈什么赚钱的能力？投资人可能会想，假如我真的给你投资 5 000 万元，你准备被别人骗走多少呢？

真正的投资机构和投资人要找的是非常理智、睿智、擅长思考的人，有赚钱能力的人，有超强工作能力的人，这才是投资方要找的合作对象。

投资人眼里的好项目

投资人眼里的好项目就是四种资本俱备的项目。哪四种资本？就是信用资本、知识资本、社会资本和财富资本。

1. 信誉资本

有个词语叫"商道酬信"，还有一句话叫作"人无信则不立"。如果一个企业老板连最起码的、最基础的信誉都没有，他的信誉资产也就破产了，这时即使他手里有再好的项目和再好的技术，投资方也不会去投，这就是"信誉资本"。

2. 知识资本

投资时，投资人会去看大股东、创始人以及团队成员的知识资本情况。比如，是什么大学毕业？学的是什么专业？在哪些大企业工作过？有哪些成功的案例？从而考察其团队的作战能力，看团队是不是一个很会赚钱的团队，这些就是在考察你及你的团队的知识资本，所具有的学历、学识、知识和经验是否支持你们做好这件事。

三国演义中，刘备在遇到诸葛亮之前，在事业的顶层设计上、在军事战略上、在作战战术上，都极度缺乏相应的知识，请诸葛亮出山后，这些知识资本就有了。

3. 社会资本

很多项目你能做而我不能做，是因为你有丰富的渠道资源，从而有巨大的市场优势，所以我不能做。而有的项目我能做你却不能做，也是因为此理。同一个行业、同一个专业和同一个项目，不可能一万个人去做，一万个人都能成功，就是因为每个人的社会资本不一样。

4. 财富资本

财富资本就是资金本身。我们如何去定义一个人是穷人还是富人呢？

如果你在行业的信誉很好，在你的亲朋好友中的信誉也很好，在你的公司里、在你的高层管理团队里、在你员工的心目中、在你上下游所有的合作伙伴和客户的心目中，你都是一个言而有信的人，你就有信誉资本。如果你带领很多员工做出过一番成绩，而且你的团队里有"五虎上将"，你就具备知识资本。同时，你还有各方面的人脉和市场资源，即有社会资本。你有了这三种资本而独缺财富资本，就是仅仅缺钱而已，这时会有大量的投资机构追着给你投钱。

以前面三种资本为基础，就可以衍生财富资本，也就是说，你有了前三种资本，就一定会有财富资本。而如果你只有财富资本，前三种资本都没有，那可以肯定，项目再赚钱也不可能持续，甚至三五年后可能连生存都会成问题。

笔者见过很多的老板，有的老板曾经很成功，但事业做到高峰后跌了下来，然后就再没有起来过。但有的老板曾经成功过，升上去后同样跌下来了，但此后他又能成功冲上去，为什么？这样的老板一定是有信誉度的，就算跌下去了，但他的团队还在，他说的话别人愿意去相信，所以有信誉、知识和社会三种资本的人，就算失败也还可以东山再起。

为什么有的人从事业的最高峰跌下来就再也没起来过？因为没有前三种资本，无法使身边的人信服他、追随他，这就是前三种资本的重要性。

第3节　路演技巧

世界上没有不会路演的人，只有不做准备的人。

如前所述，融资路演尤其是平台型路演的时间通常只有5～10分钟，因为时间有限，所以不可能几家或几十家投资机构无休止地一直听你讲下去。此外，融资路演经常会出现一种现象就是，项目方费尽唇舌地在台上讲了半天，投资方却根本没有听懂，因为项目方把不该讲的全讲了，可讲可不讲的也讲了，但投资机构感兴趣的亮点、兴奋点却没有讲明白，其结果就是项目方在上面路演，投资方在下面打瞌睡或者玩手机。

为避免这种情况发生，项目方在路演前做准备工作时一定要谨记，商业计划书的内容一定是根据倾听的对象制订的，为想达到的目的及目标服务的。项目方在制订商业计划书时，一定要分清对象，要有严谨的逻辑思维和顶层设计思维。所以要提前仔细考虑路演的对象是谁，要达到的目的是什么？商业计划书要重点表达什么？除了主次分明，还需要做怎样的完善？演说的PPT该怎么做，要有什么样的内容输出，要怎么样去呈现？这些都需要掌握一定的技巧。

路演四环节

其实，一场完美的路演就相当于一部完美的电视剧，优秀的导演、演员、道具及演技缺一不可。打磨好这些环节，也就掌握了做好路演的技巧。

1. 导演

一场好的路演需要有一个好的导演。导演一定是要根据环境、对象及各种可能的影响因素作出合理的、科学的及个性化的设计。通常情况下，投资人不会直接问项目方人品如何、价值观是否合理？但他们会通过项目方在路演过程中的言谈举止所展现的点点滴滴感受他/她的能量，感受他/她的为人，所以我们要在路演过程中充分地让投资人感受到，项目方是有赚钱能力的人，是有正确价值观的人。所以说一个好的路演，背后一定有一个好的导演。

2. 演员

有了好导演还要有演员。所有参与路演的人员都是演员，其中创始人是主演，并且这个主演具有不可替代性。

实战中，我们经常遇到这样的路演，有的老板自己外貌平平，口才不是很好，胆量也不是很大，一上台就紧张，所以要让别人代替他路演。对于融资路演，尤其是平台型路演，这样做是非常不合适的。

曾经某机构组织路演大赛，有人请电视台主持人帮着做路演，还有人请模特冠军小姐帮着做路演。前面讲过，资本方是要在路演过程中观察创始人的品性、为人、本质及格局的，从而想找对的人。如果创始人找别人代替自己路演，在一个好的商业计划书和好的导演设计的情况下，他/她或许可以把这个项目进行完美表述，但是人却不对了。项目虽然讲清楚了，但是有两个字他们却永远做不到，那就是"温度"。投资人无法从他们身上感知创始人的温度，不知道创始人仗不仗义、有没有责任心、有没有担当，也不知道创始人对自己的项目能不能坚持，更不知道创始人面对困难有没有毅力，这些统称为"温度"。

路演不是选秀节目，跟长相、颜值、口才无关，路演的主演具有强烈的不可替代性。创始人要尽可能在讲台上直面投资人，用自己的语言，真诚地、踏实地表明自己的战略规划跟决心，只有这样，融资成功的可能性才会大一些。

3. 道具

前面讲过，不管多么伟大的英雄都要有自己的神兵利刃，不管多么优秀的项目都要有好的工具。路演中要用到的道具是什么呢？答案并不唯一，但其中"企业宣传片"是最为重要的一个道具。如果没有企业宣传片，也可以做一个好的商业计划书。如前所述，企业宣传片或者商业计划书的主要内容包括公司及产品的介绍、创新的商业模式、市场竞争分析、管理团队、专利技术、未来规划及资金退出通道等。

如果有实际产品，也可以把产品带到路演舞台上。假如你的企业是做食品的，路演的时候可以把自己生产的食品拿给投资人，每个人先发一包，让他们亲自品尝一下，看好不好吃、健不健康。假如你的企业是卖电子产品的，也可以先拿一些样品过来给投资人演示怎么用。这些都是路演，也都是道具。

4. 演技

有演技的路演就是将要表达的内容行云流水地、逼真地、传神地、不着痕迹地演绎出来。所谓看山是山看水是水，看山不是山看水不是水，看山还是山看水还是水。

路演是演，路演也不是演。

路演五要素

由于平时看过，也实践了很多的路演，笔者从中总结出做好路演的五个要素。

1. 表达顺序

要想让投资人对项目感兴趣，就要激发起他的胃口，所以我们可以先说项目中最闪光的亮点，采用倒叙的方法，故意设计悬念。此外，我们也可以用提问的方式开场，引起投资人对这个项目的思考，然后再让投资人跟着我们的思路一步步地走下去。

2. 学会演绎

会演绎就是路演要有带着感情的输出。路演为什么叫路演，就是需要有演的成分在里面。为什么我们每看完一部电影会很自然地评判电影里面的男女主角演得像不像、好不好？因为要有演的成分。但在笔者看过的百分之六七十的路演，不能称为真正的路演，只能说是路讲。他们只会一味地介绍，内容平淡，索然无味。虽然讲得很明白，但是没有演，也就不叫路演。

3. 换位思考

很多人在路演过程中犯了一个致命的错误，就是没有互动，根本不看投资人的反应，无论投资人喜不喜欢，只是一味地讲。路演的目的是要让投资人掏钱包，所以你必须要看对方的反应，感觉对方有兴趣，那就朝着这个思路去演，否则就必须要调整思路，而不是不管不顾，只想讲明白我想做什么、想要怎么做，而不管对方怎么想，这就是孙子兵法里所说的"知己知彼，方能百战不殆"。

4. 语言表达

有些人一上台就紧张，可能是因为项目没有准备好有些心虚，也可能是缺少必要的路演经验和技巧，所以在演讲的过程中，一直是一种语调和语速，而且语速很快，像机关枪似的，让投资人听得云里雾里，这就像一个人唱歌，从始至终都是一个声调，没有轻重缓急，没有抑扬顿挫，那么听众会是怎样的感受？路演的目的就是为了吸引投资人，如果你的表达没有技巧，寡淡如水，如何吸引投资人呢？所以，路演过程中，我们还要掌握一定的语言表达技巧，让我们的演说富有感染力、吸引力。

5. 时间把控

融资路演，尤其是平台型路演，一定要注意对时间的把控。深圳市建设（集团）有限公司初期有句口号叫作"时间就是金钱，时间就是生命"。平台型路演只有5～10分钟，这是早就规定好的，所以必须要守时，实际上这也是投资人要考察你的品行之一。为此，要通过反复的演练，熟知自己PPT每页的内容，必须在规定时间之内结束战斗。否则，面对几家、十几家甚至几十家投资机构，你一直霸占麦克风不停地讲，这是一种极端不礼貌的行为。在这种情况下，项目讲得再好也没有用，因为管中窥豹，这一件小事儿就反映你这个人比较自私、霸道，没有最起码的礼貌、尊重和感恩之心。一旦你给投资方留下这样的印象，想要融资成功几乎不可能。

坚信自己最会路演

每个人都不是天生就会做任何事情，人的能力99%都取决于后天的努力，所以，今天的努力决定了明天的高度。

如图7-1所示，很形象地表现了人的成长经历。无论我们是不是擅长路演，会不会做某件事情，但只要我们能够坚定信心，不懈努力，坚持学习，我们就会成长，就会一次比一次做得更好。从我不会做、我不想做到我想做、我会做，直至我做到了。

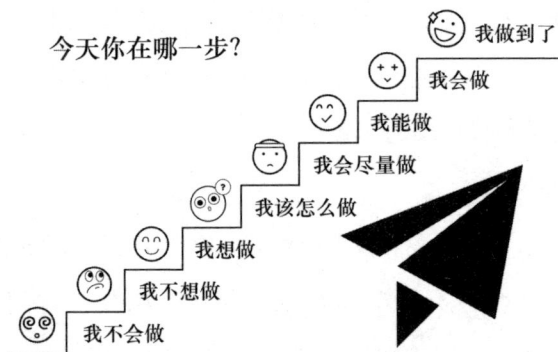

图 7-1 人的成长示意图

　　这个世界上没有不会路演的人，只有不为路演做准备的人，路演的好与坏取决于自己内心重不重视，准备得充不充分。一定要坚信你自己就是世界上那个最会路演的人。

第8章

融资技巧

投资有风险，融资也有风险，所以融资也需要技巧。本章我们将从企业融资的必要性、企业融资的准备、企业融资的方式、企业融资的过程和企业融资应该注意的问题等几个方面对融资技巧作全面的阐述，希望对大家有所帮助。

本章的宗旨很清晰，就是要弄清企业融资的五个W。

（1）为什么融？（Why financing？）

（2）找谁去融？（Who will finance？）

（3）何时融资？（When to finance？）

（4）融资多少？（How much financing？）

（5）怎样融资？（How to finance？）

融资的五个W清楚了，融资技巧也就基本掌握了。

第1节　企业为何融资

乔治·斯蒂格勒说过："纵观世界著名的大企业、大公司，没有一家不是在某个时期以某种方式通过资本运营发展起来的，也没有哪一家是单纯依靠企业自身利润积累发展起来的。"在第1章第1节的传统思维中，我们与大家交流过传统思维的生意模式，即用高成本去获得微利润这种高投入低产出的模式，企业注定会一直缺少现金流，所以融资对这种企业来讲更加重要。

正确定位融资目的

融资的目的一定是为企业战略规划服务的，是要把企业做大做强，是为了市场扩张，是为了吸引更多的专业人士进来，以便团队作战，抱团取暖。如果融资的目的是个人买车买房，投资人会把钱给你吗？显然不会！

什么样的企业需要融资

通常情况下，企业非常缺钱的时候才会想到去融资，我们管这种融资叫作缺钱找钱。在企业现金流良好、利润良好的情况下，是否需要融资呢？大多数企业这时都不会有融资计划，因为他们觉得企业根本不缺钱，所以压根不会有融资的想法。

真的是这样吗？其实，所有企业要想发展壮大，都必须要走产融结合的道路，换句话说，融资是企业的必走之路。

饿了么（提供即时配送和餐饮供应业务的企业）的发展和融资历程充分说明了这一点。下面是该企业整个融资的过程，请大家仔细观察它的融资时间表，如图8-1所示。

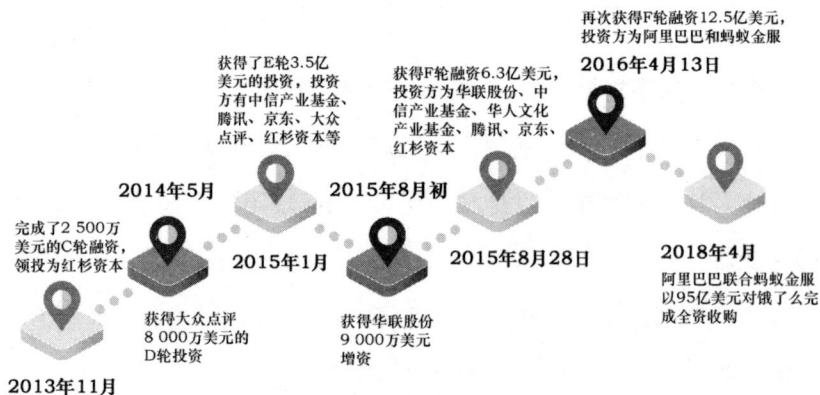

图 8-1　饿了么企业融资路线

通过图8-1中的时间列表和各轮融资，我们想一下饿了么的融资过程，是缺钱找钱，还是具有融资路径的战略布局？我们不妨深入分析一下。饿了么仅在2015年一年就进行了三轮融资，以我们以往的思维，8月初刚刚获得9 000万美元的投资，一个月还没有过去，9 000万美元就花完了，又缺钱了，需要再进行一轮融资，会是这样吗？非也，而是前一轮的钱还远没有花完，新一轮的钱又进来了，所以，饿了么的这些融资完全是按照融资路径所做的战略性融资。

由此可以看出，并不是缺钱的企业才需要融资，有时候不缺钱也需要融资。

第2节　企业融多少资

企业要融多少资，需要根据企业发展的需要来决定，需要在企业发展的战略框架下决定，而不是靠主观推测、头脑发热决定。

企业融资要有信心

企业融资一定要有信心，争取一步到位。

如果融资不足，明明需要1 000万元，但你只融了500万元，后面的500万元什么时候融、融不融得到都是未知数，这时就会给公司的经营和发展造成很大的困扰。

有的企业老板经常用生活中的思维去考虑融资的事情，认为融500万元一定会比融1 000万元容易，好不容易找到一个认可自己的基金和投资机构却没有把握机会、一次到位，而是只融了500万元。事实上，对投资机构而言，你融500万元和融1 000万元是一样的，因为作为投资机构来说不可能只投给你500万元就没钱了。如果他真的只有500万元，他也不敢把500万元全投给你。

所以，企业在融资的时候一定要有信心，不要融个"半饱"，金额不足解决不了问题。

企业是否需要融花不完的钱

在资本课堂上，经常有人讲要融到花不完的钱，这个问题需要一分为二来看，对于像饿了么、滴滴出行那样有大战略、大布局且需要"烧钱"的互联网企业，必须要融到一时花不完的钱，以便能够在最短的时间内打开全国市场，进行疯狂的扩张。与这些互联网公司相比，一般的传统行业企业则需要谨慎处之，在此我们不主张融到花不完的钱，毕竟资金在公司账上闲置是有成本的，会造成很严重的浪费。

投资人的钱也是有成本的，如果公司只需 1 000 万元就可以解决问题，却硬要融 3 000 万元，把多余的放到公司账户上，公司就要为多出的 2 000 万元买单，这样做还会导致公司早期的估值和未来的融资越来越大。

公司前期估值最小的时候，却付出大量的股份去融资，后期融资成本就会比较高。如果分成两次融资，第一次融 1 000 万元，第二次融 2 000 万元，第二次的股份代价是不是会小一些？所以融资额的大小一定要科学、合理，不宜多也不宜少。

在接盘融资的情况下，前一轮的投资人通常情况下需要两倍的收益退出，而公司的发展可能也需要前次融资时的两倍资金。这种情况下，下一次的融资就需要前轮次融资的 4 倍，所以，融资需谨慎。

企业不同发展阶段的融资额

在投资机构眼中，企业处在不同阶段的可能融资额是有标准的。

种子期的企业第一轮的投资额一般在10万～100万美元区间之内，早期的企业一般在100万～1 000万美元区间之内，成长期的企业在1 000万～3 000万美元区间之内，超出3 000万美元，就要找PE机构或商业银行。

第3节　企业何时融资

和确定融资额一样，企业在什么时间节点融资同样有讲究，并不是需要用钱了才去融资。

危机思维与企业融资

请大家牢记一句话："企业融资的前提一定不是缺钱找钱"。因为你面对的对象不是慈善家，他绝对不会因为你缺钱而投资，只会因为你即将赚大钱而投资。融资一定是战略布局！

企业最怕什么？企业最怕的是资金链断裂！所以你必须要居安思危，未雨绸缪。企业家的大格局之一就是有危机意识或危机思维。

任正非在《华为的冬天》一书开篇中写道："公司所有员工是否考虑过，如果有一天，公司销售额下滑、利润下滑甚至会破产，我们怎么办？我们公司的太平时间太长了，在和平时期升的官太多了，这也许就是我们的灾难。泰坦尼克号也是在一片欢呼声中出的海。而且我相信，这一天一定会到来。面对这样的未来，我们怎样来处理，我们是不是思考过。我们好多员工盲目自豪，盲目乐观，如果想过的人太少，也许就快来临了。居安思危，不是危言耸听。"

这就是危机思维。

不要等需要再融资

前面我们已经讲到，不要等到没钱的时候再去融资，这就和打仗一样，你一定不能在敌人的火力很猛烈，要弹尽粮绝的时候才派人去请援兵，而一定要在打仗之前规划好，什么时候进攻，什么时候防守，什么时候需要增援，什么时候需要军火补给，否则，临阵求援，等到援兵到达的时候战场都打扫干净了，这时再来援兵已经没有任何意义。

第4节　企业找谁融资

确定了融多少资，何时融资之后，接下来要考虑的问题就是找谁融资，不同的投资人的投资对象不同，专注的领域也不同，只有找对投资人才能有效融资。

投资人分类

1. 借贷

这里是指向非政府及非正规银行的民间私营金融公司或个人借贷。借贷需谨慎，谨防高利贷。

2. 政府资助

为促进中小企业发展，从国家到各级政府都有各类的科技项目计划。如科技型中小企业技术创新基金、火炬计划、省市的各种产业化计划、产学研结合计划及国际合作计划等。

3. 众筹

即大众筹资或群众筹资，是指一种向群众募资，以支持发起的个人或组织的行为，由发起人、跟投人和平台构成，具有低门槛、多样性、依靠大众力量、注重创意的特征。

4. 银行贷款

即向商业银行贷款。

5. 投资机构

投资机构又分VC和PE。

风险投资（VC），也被称为创业投资，指向初创企业提供资金支持并取得该公司股份的一种融资方式。VC为企业提供资金及专业上的知识与经验，以协助被投资公司获取更大的利润为目的，所以VC是一种追求长期利润的高风险高报酬事业。

私募股权投资（PE），指投资于非上市股权，或者上市公司非公开交易股权的一种投资方式。

VC通常适合于企业发展的早期，PE则偏重于企业上市前的融资。

如何融资

我们把企业分为初创期、发展期、扩张期、成熟期，处于不同的发展阶段的企业，可以找到相应的投资机构，比如VC、PE等。多层次融资对接体系如图8-2所示。

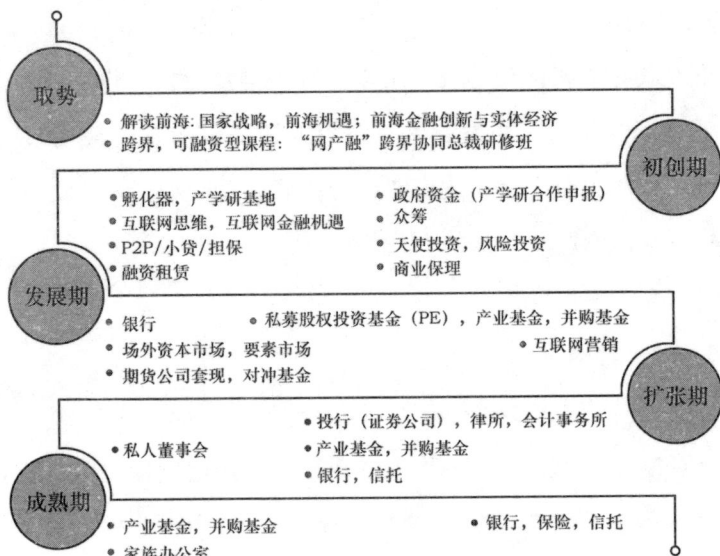

图 8-2　多层次融资对接体系

认清楚投资人的专注领域

投资机构不是遇到一个好项目就一定会投，投资行业有两条投资军规："不知道的不做""没有资源的不做"，因此绝不是每收到一个好项目，投资机构就会投钱。每个投资机构都有自己特别关注和主要投资的领域，包括互联网、新媒体、新能源、大健康、智能设备、环保、航天军工、创意产业等。比如，软银集团主要投资的是互联网和多媒体领域；联想集团因为是IT制造业出身，所以一般投IT制造业或先进的制造业；东方富海投资管理有限公司的投资领域是通信、新能源；经纬中国的投资领域是高科技、媒体。

通常来说，投资机构一旦决定投资则不但会投钱，还会把智慧和资源一起投入进去，因为一旦投资，投融资双方就成了同一条船上的人。如果不全力相助，企业一旦做不好，就要一起失败，所以不在自己的投资领域内，在没有资源支持和支撑的情况下，投资机构一般不会去投资。

认清楚企业的发展阶段

只有认清自己企业所处的发展阶段，才能找到相应的投资机构。一个初创型公司要去找天使投资人、政府、VC风险投资机构，而不能直接去找PE或者做上市的券商，一下子让别人投几亿元给你，因为这个时候你的融资金额发展阶段与投资机构的投资金额是不匹配的。就像一个小学生，刚上学就想用大学的教材，但这本书他是看不懂的，所以不适合。

1. 种子期

种子期是指企业依据拥有的技术或者新发明、新设想对未来企业所勾画"蓝图"的时期。由于这个时期的企业仅有产品构想，未见产品原型，所以难以确定产品在技术上、商业上的可行性，因此企业的前景具有高度不确定性。

2. 成长期

成长期的企业通常产品已经研发成功、定型，且具备了批量生产的能力，体系已经初步建立，市场已经初步打开，产品经过一段时间已有相当知名度，销售快速增长，利润也显著增加，但较完善的销售渠道尚未建立，企业的品牌形象也需进一步巩固。企业此时需要扩大生产能力，组建自己的销售队伍，大力开拓市场，树立企业的品牌形象，确立企业在业界的主导地位，并开始着手研究开发第二代产品，以保证企业的持续发展。但由于市场及利润增长较快，容易吸引更多的竞争者。

3. 扩张期

扩张期的企业各种体系已经完善，企业的品牌形象及在业界的主导地位也已经确立，第二代、第三代等迭代产品已经形成系列，企业处在高速发展状态。

4. 成熟期

成熟期的企业市场成长趋势减缓或饱和，产品已被大多数潜在购买者所接受，利润在达到顶点后逐渐走下坡路，此时市场竞争激烈，企业为保持产品地位需投入大量的营销费用。

不同阶段的融资对象

企业要根据自己的发展阶段找适合自己企业的投资机构。图 8-3 所示是企业的发展阶段和投资机构的关系匹配图。

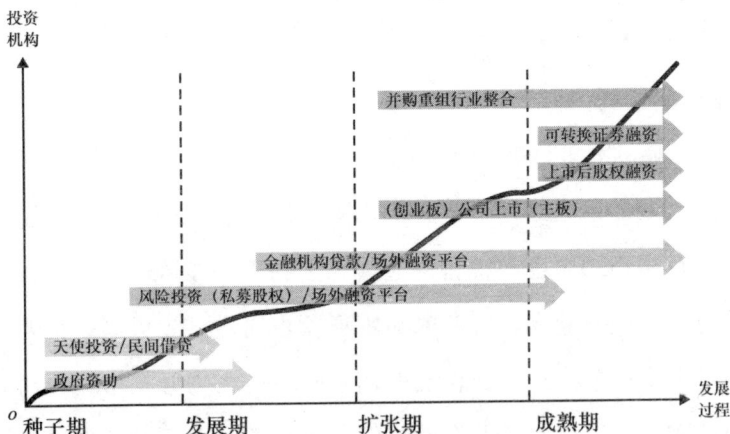

图 8-3　企业的发展阶段和投资机构的关系匹配图

1. 种子期

种子期的企业想融资成功，要以创始人自己的信誉度、技术、产品、团队及由里到外散发的人格魅力为核心。最早的投资可能来自政府、商业银行及天使投资人。

首先，这个阶段的企业首选的融资对象是政府。国家已经建设了很多孵化园，设立很多的基金，初创企业的场地可以是免费的。如果创始人有好的技术，政府可能会给企业立项和补贴。

其次，种子期企业的融资对象可以是商业银行。现在商业银行也做投贷联动，先贷款再转股，这是一种投资，也是企业的一种融资方式。

最后，种子期企业的融资对象还可以是天使投资人。有些聪明人不把自己的钱放到银行账户上闲置，而是把一部分钱拿出来做投资，找到好项目，让自己的资产的增值高于银行的利率，这叫天使投资。

2. 发展早期

发展早期的企业家要融资对象是政府基金、天使投资人、民间借贷、VC 及场外融资平台。

3. 成长期

成长期企业的融资对象为政府、金融机构、VC 及场外融资平台。

4. 扩张期

扩张期企业的融资对象为 VC、场外融资平台、金融机构贷款、并购重组及创业板上市。

5. 成熟期

成熟期企业已经具备了巨大的竞争优势，此时的融资对象可以是金融机构贷款、场外融资平台、并购重组、创业板上市、可转换债券及主办上市。

如何利用股权融资的大招

在全产业周期的各发展阶段，企业都可以采用股权融资的大招。股权融资大招就是释放自己的股份把钱融进来，但在融资过程中一定要清楚不同股权代表的相应权利，要善用我们在前面第 5 章第 3 节中介绍的 67%、51%、34%、20%、10%、5% 及 1% 等股权代表的各种权利。

股权究竟有着多神奇的魔力？京东集团 2022 年年报中的京东集团股权结构显示，截至 2023 年 2 月 28 日，刘强东在京东持股 12.7%，有 73.9% 的股票权。百度 2022 年年报中的股权结构显示，截至 2023 年 1 月 31 日，李彦宏持股 16.3%，有 57.6% 的投票权。腾讯 2022 年年报中的股份结构显示，截至 2022 年 12 月 31 日，马化腾在腾讯持股 8.41%。虽然持股比例很少，但他们为何能够牢牢地掌控自己的公司呢？答案就是他们善用了股权融资的大招。

第 5 节　企业怎样融资

找到合适的融资人之后，需要解决的就是怎样融资的问题了。

融资准备

孙子曰："以虞待不虞者胜。"意思是在战争中用有准备对战无准备的会胜利。在商场这个没有硝烟的战争中也一样，融资必须要有准备，否则注定要失败。

那么融资时我们需要做哪些准备呢？

1. 知己知彼，百战不殆

知己知彼，方能百战不殆。我们一定要了解投资机构的兴趣、爱好和想法，同时还要坚定自己的为人、决心和毅力。

2. 认清自己企业所处的发展阶段

认清自己企业所处的发展阶段，找到相应的投资对象，这一点我们在上一节中已经进行了详细介绍。

3. 融资额度与释放股权的合理匹配

融资额度与释放股权的比例要合理。我们经常看到，有些企业在天使轮释放的比例就是40%，第一期就拿出40%的股份，后期如何再引进资金呢？所以在融资的过程中要融会贯通地应用前述融资的股权大招。

4. 商业计划书的准备

要按照第6章中所讲的方法认真、仔细地准备商业计划书并充分做好路演的准备。

寻找合适的投资人

做好充分的融资准备后，就是寻找和定位目标投资人。什么是合适的投资人？就是适合企业现发展阶段的、关注的领域与本企业所处的领域吻合的投资机构和投资人。

融资路演注意事项

找到合适的目标投资人后必需的过程是融资路演。怎样路演参照第7章中的介绍，这里着重要强调的是在路演过程中的四个"注意"。

（1）注意仪表。

（2）注意表达方式。

（3）注意自己的PPT。

（4）注意时间的把控，一定要记住平台型的路演的时间一般在10分钟左右。

配合尽职调查

尽职调查是指在融资或并购过程中投资人或收购者对目标公司的资产和负债情况、经营和财务情况、法律关系以及目标企业所面临的机会与潜在的风险进行的一系列调查。尽职调查是企业融资或并购过程中最重要的环节之一，也是投资运作过程中重要的风险防范工具。

尽职调查的内容主要有如下十五个方面。

1. 管理人员背景调查

目的是评估团队能够对其所从事的商业有足够的实施和把控能力。

2. 市场评估

评估项目所在的产业是不是夕阳产业，市场是一个没落性的市场还是一个朝阳市场。

3. 销售和采购的情况

用数据说话，审查销售和采购的真实情况。

4. 环境评估

我国在取得巨大经济进步的同时也存在不容忽视的环保问题，所以目前政府对企业的环保情况采用一票否决制，如果你所从事的行业存在污染排放问题，则坚决抵制。在此情况下，很多朝阳产业可能因此蜕变成落后产业，所以环境评估是尽职调查中的重中之重。

5. 生产运作系统

调查企业是否具备完善的生产运营系统，从而支撑和保障企业能够正常、健康地发展和成长。

6. 内部管理

好的业绩一定是管理出来的。调查企业内部管理，就是看企业是否有完善的管理机制和体系，能否跟得上企业的持续发展。

7. 财务预测的准确性

企业经营前三年的财务报表的真实性如何？后两年的财务预测是不是科学、合理？企业做的预测是否能够如期实现？

8. 销售量及财务预测的假设前提

企业的销售额是财务预测和假设的前提，调查企业的假设是否科学、合理，不是靠主观臆测和头脑发热蒙出来的。

9. 销售和采购的票据核实

销售和采购的票据是不是真实，财务是不是规范。一个财务不规范的企业，是很难获得投资机构投资的，因为现在能够造假，就意味着未来也可能造假，而财务造假是非常可怕的事情。

10. 当前的现金流

一个公司可以没有利润，但是一定要有现金流。只有资金像流水一样不断地流，才能像如前所述的那样打造水库式经营。

11. 贷款情况

审查企业是不是有过大的资产负债率或庞大的负资产。

12. 资产核查

审查企业资产，从而审核企业的资金资产情况。

13. 工资福利和退休基金安排

审查企业是否对员工的工资、福利及退休养老金有合理的计划和安排，从而能够聚集人心，留住人才。

14. 租赁、销售、采购、雇佣方面的合约

考察企业是不是官司缠身，或有很多的法律纠纷。

15. 潜在的法律纠纷

考察企业是不是有潜在的官司风险或有潜在的法律纠纷。

第6节　融资风险、陷阱及关键

通过前述融资技巧，大家会对自己的融资对象、自己企业所处的发展阶段及融资的风险有一个评判和参考。如果几轮谈判下来谈得不错，投资机构决定要给我们投钱了，我们应该有足够的风控意识，要能够判断这个钱要还是不要。如果拿了投资机构的钱，我们该怎样做事呢？要知道投资机构之所以会把钱投给我们，就是因为

我们的创始人有所担当，我们的项目、我们的团队能够为他的资产增值，也就是说，融资一定要做到双赢，并且在双赢的同时规避风险和陷阱，避免人财两空、后悔莫及。

融资风险

投资有风险，融资也同样有风险，而且风险巨大，这些风险如果把控不好，轻则让你从辛辛苦苦20年创立起来的企业中净身出户，重则让你倾家荡产，所以，我们对这些融资风险不可不察之。

1. 商业机密可能被剽窃

投融资时都会有一个保密协议。很多技术型、科技型的公司，因为技术还处于研发阶段，尚没获得大额的市场份额，一旦在公开场合说破，就会有很多的竞争对手出现。由于他的资金比你雄厚，管理比你规范，渠道比你广，人才比你多，团队比你杰出，可能很容易被他剽窃商业机密。

2. 拖垮企业

投资机构有一个不成文的规定，就是不会明白地告诉你这个项目还不完善，不会投你，而都会找各种借口拖着。比如说"我们等等看""我们后期再说""我们团队正在开会"等，就这样一直拖，但可悲的是很多老板却当真了，等着这个钱来发展运营，而投资人又没有明白地说不会投资，其结果就是把这个企业给活活拖垮。

投资人这样做有两个原因：一是善意的，避免打击创业者的信心；二是给自己留后路，留一个机会，这一轮不投，可万一这个创业者以后做起来了，还是可以跟投一下。

3. 拉人下水

投资人或投资机构前期用很小的代价把某种商品的价格拉得很高，并趁机囤货。一些人见有利可图纷纷进场，可投资进去后却成了最后一棒，结果就是让始作俑者获利走人，价格瞬间一落千丈，被打回原形，后进场者把钱打了水漂，倾家荡产。这就是"拉人下水"。

这样的案例很多。比如炒生姜、炒大蒜、炒绿豆等，其实生姜还是生姜，大蒜还是大蒜，绿豆还是绿豆，他们只是一个资本运作的媒介而已。

再比如，小卖部一个月的利润1万元，一年总共才10多万元。但有投资人说我帮你包装一下，帮你去融资，结果融来了100万元，可小卖部还是一年只赚10多万元，第一个投资者没办法，就去拉第二个投资人，第二个投资了500万元，第一个投资人200万元撤出。但第二个投资人的500万元也要回本啊，于是他去找第三个投资人投资了2 000万元，结果第二个投资人带着1 000万元撤出……就这样，投资陷入恶性循环。可无论怎么炒，小卖部依然是那个一年净利润为10多万元的小卖部，就这样越炒越大，直到被逼得炒不下去，以最后一个接棒者"惨死"而告终。

4. 捞取不法利益

在投资机构的结构设计中有创始人、高级合伙人及投资经理等，比如个别高级合伙人，本身不是全职的，只是把闲钱放在这个项目里，这时项目方的人找到他说，你帮我说服投资机构，把项目中的缺点全部屏蔽掉，帮我把资金拉过来，我就私下给你一些好处费，这叫在资本市场捞取不法利益。

5. 制造泡沫，扼杀行业

有权威人士故意说某个行业好做，很多人信以为真，结果突然大量资本涌进来，营造出一个风生水起的假象，可最后资本一撤，整个行业一地鸡毛，别人一提都心惊胆战，整个行业再无崛起的可能。

投资协议陷阱

在很多的投资案例中，投资协议里都有陷阱，融资者不慎掉进去就可能后悔莫及。典型的投资陷阱有以下几种。

1. 对赌协议

对赌协议就是投资方、融资方在达成融资协议时，对于未来不确定的情况进行一种约定。如果约定的条件出现，融资方可以行使某种权利；如果约定的条件不成立，则投资方行使某种权利。

比如，有很多的企业都在准备IPO的路上签订了对赌协议。如果IPO成功，能够从二级市场上退出，对赌就成功了，可一旦出现了状况，IPO受阻，如果企业拿了投资方2亿元，乘3倍与投资方对赌，也就是说如果IPO不成功，企业要赔投资方6亿元，但企业自身估值可能只有4亿元，创始人要把4亿元全赔给投资方，自己被净身出户，那么辛辛苦苦创业几十年的企业就没有了。

对赌的典型失败案例是俏江南，因为要对堵去上市，结果上市没成功，从而变得极为被动，最后创始人落得被净身出户的悲惨结局。

对赌协议最成功的案例是摩根士丹利等投资者与内蒙古蒙牛乳业（集团）股份有限公司（简称蒙牛）管理层签署了基于业绩增长的对赌协议。双方约定，从2003年到2006年，蒙牛的复合年增长率不低于50%，若达不到，公司管理层将输给投资方6 000万～7 000万股的上市公司股份；如果业绩增长达到目标，摩根士丹利等机构就要拿出自己的相应股份奖励给蒙牛管理层。对赌的结果是蒙牛赢了。

2. 优先清算权

优先清算权是指投资人在所投资的企业清算或发生等同清算的情形时，具有优先于其他普通股股东获得分配的权利，该陷阱中最要命的是要求数倍的保底，最后让创业者两手空空。比如投资2 000万元，要求3倍的保底，即6 000万元退出。如果企业估值只有5 000万元，这时由于投资人有优先清算权，创业者就会被净身出户。

3. 回购权

回购权就是在投资协议里约定回购的条件和数量，而这个条件可能是你绝对达不到的，这样就陷入了别人精心为你设计的陷阱里。

比如，如果业绩达不到预期，则公司大股东需以2～3倍的投资价格回购投资者的股份，而这时公司本来效益就不好，如果兑现，则创始人可能会血本无归、净身出户，或是让公司的股票涨停，股权升值后再让创始人回购。

4. 强制权

强制权就是如果投资人卖自己的股份，则要求创始人一起卖。

比如有投资机构A占了公司10%的股份，在寻找下一个投资机构B接盘的时候，因为B是上市公司，它对10%的股份不感兴趣，而是要控股20%从而合并公司的财务报表，这个时候因为创始人与A的投资协议中约定了强制权，在A要退出时，为了与B达成协议，A会强制创始人一起卖掉10%的股份，这就是强制权。

更有甚者，本来你的公司很值钱，但A和B达成某种利益交易，所以联手为你的公司制造障碍，迫使你的公司市值降低，而这时A主动要求退出，并通过强制权约定，强迫你一起卖你手中10%或更多的股份，然后再让你公司的市值升高，而使A和B一起受益。

5. 独家期

独家期是指在约定的时间内，创业者不能够找其他的投资机构，但投资人可以找其他同业者。假如投资人这样要求，那么他很有可能从一开始就是在设局。

以上五个协议连环组合会产生巨大的化学反应，绝对能够套牢你，让你进退维谷，势成两难，所以有些企业做着做着就没了。

因为有强制权，A找B过来收购，你不得不卖，也由不得你这个创始人卖或者不卖。他请了第三个人用低价来买，这时创始人得跟着贱卖，同时还有优先清算权及业绩对赌，这三个协议联合起来，结果有以下几种。

（1）保证投资人A不亏。

（2）保证让你的同行B吃掉你。

（3）保证让你的股票涨停，股权升值后再让你回购。

（4）业绩保底如果达不到，则强行让你卖掉，或者高价回购，但你还买不起。

在野蛮人的这种操纵下，一旦踏入了以上投资协议陷阱，你的企业会变得无能为力，这就是我们所说的，投资有风险，融资也有风险。

融资要注意的其他事项

除了上述的融资风险和融资协议陷阱外，融资时还需注意以下事项。

1. 好

在每个创始人的眼中，企业都像自己的孩子一样，而天下的所有父母都觉得自己的孩子好，所以在路演过程中，所有的企业都说最好的企业是自己的企业，最好的项目是自己的项目。当投资人深入地问他怎么好、好在哪和为什么好的时候，他又说不出一个所以然。所以作为创始人，一定要将你的项目为什么好讲清楚。和别人比你的企业和项目的差异化优势在哪？记住：讲得清楚的好才是真的好。

2. 坏

无论项目好坏，一定要做好风险控制。在讲好的同时，也要讲一下你项目的风险点、缺点、弱点在哪里？如果强调的都是项目的好，说明创始人是不真诚的，甚至带欺骗性的。如果项目真有那么好，还用得着融资吗？或早就融到资了，投资人都是理智的，要提前做好风险控制，不打无准备之仗。所以在介绍项目时一定要实事求是，直接讲出项目的缺陷地方在哪儿，如市场开拓偏弱，需要补强；或者在技术方面、在管理方面存在短板等等，希望能得到投资人的帮助。你说得越诚恳，投资人对你的印象可能越好。

3. 大

所有企业家在战略布局上都图大，都想横向发展，要做新零售、做养老产业、做教育行业、做互联网，同时还要做金融，等等。我们可以心大，但要知行合一。一天可以有10个或20个想法，但真正去做事的时候，只能做一件事情。要知道企业创业初期只是星星之火，你只有点火的能量，燎原是后期的事情。

还有的初创公司按照上市公司管理。中小企业的最大优势是快速灵活，就像羚羊一样，初创时管理和财务不规范的目的就是为了活下去，为了盈利。上市公司为何要监管？因为怕股民掉入上市公司恶意制造的陷阱中，所以上市公司需要约束，但初创公司如果按照上市公司的方式管理，则必死无疑。

4. 小

创业者的眼光和格局不能太小，不能只想拿钱而看不到资源。

有时一场融资路演我们可能没有融到资金，但可能融到了资源，融到了技术，也可能融到了人才，可很多的老板一味地只看到钱，只看到资金。当一个老板只对钱感兴趣的时候，他的收获也是有限的，因为它眼光和格局很小、很窄，只看到了钱。

5. 多

创业要聚焦，一次不能干很多事情，却件件在路上。

庄子曰："吾生也有涯，而知也无涯。"很多老板路演的时候，投资人觉得这个项目还可以，可当投资人正在考虑要不要和他深入地聊一聊的时候，他却说："如果你对我们这个项目不感兴趣，我这里还有一个项目"，于是就又拿一个商业计划书出来，结果导致投资人连跟他谈的意愿都没有了。人生竭尽全力地去干一件事情，还不一定成功。真正要成功做好一件事情，不是你想了多少，而是你做了多少。

6. 变

创业是艰苦的事情，不能因"善变"而不能坚持。不坚持自己的理想和梦想，这种老板做员工都可能不合格。

很多企业家没有毅力，也不能坚持。五年前他要融资时，是做互联网的，五年后已经变成了某保险公司的业务员。三年前他是做教育培训行业的，三年后再关注他的微信朋友圈，发现已经在某企业里面上班了。所以作为企业老板，前期要作冷静的思考和分析，我到底要做什么？作为企业领导，我们在招聘和面试一个员工的时候我们都要看这个人是否稳定，如果他在一年内换了四五份工作，相信很少有企业会想录用他，因为录用他也就意味着需要做好准备，他可能两个月后会离职。

以上这就是我们在融资时需要注意的问题，这是笔者从许多的案例中总结出的经验和教训，需谨记。

融资成功的关键

融资和做事业一样，坚持很重要。

阿里巴巴在其二十多年的发展历程中，经历了一轮又一轮融资，而每一轮融资都为其发展带来新的机遇。

第一轮融资：1999年10月，阿里巴巴获得高盛、富达投资、AB（艾伦—布拉德利）等投资500多万美元，这笔资金成为阿里巴巴初期重要的发展资本。

第二轮融资：2000年1月，阿里巴巴获得软银、富达、汇亚、TDF（邓普顿龙基金）等2 500万美元融资，为阿里巴巴的快速发展奠定坚实的基础。

第三轮融资：2004年2月，阿里巴巴连续收到软银、富达投资、GGV（纪源资本）投资8 200万美元，阿里巴巴网站连续4年被评为全球最佳B2B网站，2003年实现日收入过百万元。软银集团孙正义成为阿里巴巴的首席顾问。

第四轮融资：2005年8月，雅虎投入10亿美元现金和雅虎中国价值7亿美元的资产购入阿里巴巴40%的股份，而软银和阿里巴巴当时的管理层各持股30%。阿里巴巴收购雅虎中国。

∙∙∙∙∙∙∙∙∙∙∙∙

一个好的项目和好的团队融资成功后要干的第一件事情就是资本运作，所以接下来和大家分享的就是资本运作，也是本书中最核心的内容。

第 9 章

资本运作

融资路演成功，投资人决定给我们投资的时候，我们要用融资技巧来规避风险，这些都成功了，投资人愿意把钱投给我们，融资算是成功了。而我们拿着投资人的钱最终要做点什么呢？这就是我们本章的内容，叫做资本运作。

第1节　资本运作的概念

投资人为什么要给你投资？就是因为把资金投给你，你能为他实现更大的价值。说明白了，就是为了把资金放到你的项目里实现增值，所以投资人会要求项目方必须要有资本运作的意识。大家为什么会愿意把钱放到银行里面去？因为银行会给你利息，实现资本的增值。后来支付宝推出了余额宝，它的利息比银行高，所以大部分的人愿意把多余的钱放在余额宝里面，就是因为增值会比存到银行更多。投资人不是慈善家，不是单纯地为了帮你，而是希望自己的资金实现增值。

那么，到底什么叫做资本运作？资本运作又称资本经营，搜狐百科给出的解释是，资本运作是指利用市场法则，通过资本本身的技巧性运作或资本的科学运动，实现价值增值、效益增长的一种经营方式，简言之就是利用资本市场，以小变大、以无生有的诀窍和手段，是通过买卖企业和资产而赚钱的经营活动。

大家仔细观察资本运作的定义，其中有几个关键词非常重要：市场法则、资本的技巧性运作、资本的科学运作、以小变大、以无生有和价值增值。

市场法则

资本运作一定要遵循市场法则，遵守国家相关的法律法规，而不能一意孤行。

资本的技巧性运作

资本运作是有技巧的，巧用这些技巧，才能够成功地进行资本运作。这些技巧包括但不局限于后面第4节将会讲的聚沙成塔、完璧归赵和见缝插针等。

资本的科学性运作

资本的科学运作是指把零散的资金科学地集中起来，再充分利用资本运作的流动性，按照一定的比例进行重新分配，让一部分人快速富起来，让绝大多数人挣到钱。

以小变大

以小变大就是用最小的资金换取最大的价值和利润，之后所讲的见缝插针就是典型案例。

以无生有

当我们把最小的资金变成"0"的时候又能够换取最大的价值和利润，这就叫以无生有。后面我们将要讲的完璧归赵就是典型的以无生有的资本运作。

价值增值

无论采用哪种方式影响资本运作，其目标都是让企业的价值增值。

第2节　资本运作的分类

上市公司融到大量的资金，一定要去作资本运作。如果不懂得资本运作，一味地停留在产品生产、产品买卖及市场扩张的局面上，其公司的升值空间是非常局限的。

按照资本运作的扩张与收缩方式分类

1. 扩张型资本运作

扩张型资本运作又分为纵向型、横向型及混合型三种类型。

纵向型资本扩张是指同一生产链上处于不同生产经营阶段的企业、部门之间，或者有直接投入产出关系的企业之间，通过产权交易把关键性的投入产出关系纳入自身控制范围而实现扩张。纵向型资本扩张通常分为向上游扩张和向下游扩张。

横向型资本扩张是指同一产业、产品相同或相似的企业、部门之间，通过产权交易实现经营规模的扩张。横向型资本扩张通常发生在竞争主体之间，有助于优化竞争结构，使整个行业的发展更加稳定。

混合型资本扩张是指相互之间没有直接投入产出关系和技术经济联系的企业、部门之间，通过产权交易实现经营规模、经营领域的扩张。混合型资本扩张通常是为了适应企业集团化、多元化发展的要求。

2. 收缩型资本运作

收缩型资本运作具体分为资产的剥离，公司的分立、分拆、上市、股份回购等等，其目的是缩小公司的规模，提高公司的运行效率，提升公司价值。

按照资本运作的内涵和外延方式分类

1. 内涵式资本运作

内涵式的资本运作包括实业投资、上市融资、企业内部的业务重组等。

2. 外延式资本运作

很多上市公司在二级市场融到大量的资金之后，就会去作外延式的资本运作，包括兼并和收购。并购就是上市公司收购同行业同类型的公司或企业持股联盟，包括企业对外的风险投资及金融投资等。

第3节　资本运作的特性

资本运作具有三个明显的特征，就是资本运作的流动性、资本运作的增值性和资本运作的不确定性。

资本运作的流动性

以前的企业会做净利润，现在是微利时代，做净利润是很难的，退而求其次可以做现金流，即资金要在企业内外部流动起来，循环起来，这样就形成了企业的现金流。健康企业的现金流是生生不息的，相反，如果一个企业资金链断裂，该流通的时候不流通，这个企业就面临很严重的危险。

亚马逊创始人杰夫·贝佐斯为什么曾成为世界首富？因为亚马逊成功的商业模式。亚马逊其实与阿里巴巴做的是同一件事情，就是做电商，但它比阿里巴巴做得更早、更大。全球的企业都会选择在亚马逊平台上卖自己的货，但所有在平台上卖货的企业都是自己的投资，与亚马逊无关。亚马逊只投资搭建了平台，可所有企业的现金都要经过它这里，它帮全球的企业收钱，而且一个月结一次货款，这些货款在亚马逊平台上就形成了巨大的现金和循环，所以亚马逊可以说是全世界最大的"银行"。亚马逊平台只做了这么一件事情，就成就了杰夫·贝佐斯的世界首富奇迹，不得不说企业现金流及好的商业模式是异常重要的。

资本运作的增值性

资本运作的增值性就是借助金融的方式、方法及杠杆，让自己的资产增值，让投资人给的资产增值，让我们的项目增值。

资本运作的不确定性

企业并购也有可能会失败，这意味着资本运作也可能会失败，这就是资本运作的不确定性。

怎样充分利用资本运作的三大特性设计好自己的商业模式，在融资成功后，将投资人的资金与我们的项目有机地结合起来实现价值最大化，是企业一个非常重要的课题。

第 4 节　资本运作的典型应用

根据产业的模式、产品、市场、环境以及企业的实际情况等不同的场景，资本运作有不同的应用方法。笔者在这里和大家分享三种典型的资本运作的应用案例。

聚沙成塔

在微利时代，想要获取大份额的利润会非常的难，但是我们可以把点点滴滴的利润，像把小沙子一颗一颗粘起来一样，最后形成一座巨大的塔以形成巨大的利润，这就是聚沙成塔。比如微信钱包，微信有十多亿的用户，而且是全球性的。现在大家已经习惯把零钱放到微信钱包里，对我们每个人而言可能是几十元、几百元或几千元，不是什么大数目，但它一旦乘10亿这个基数，就成了几十亿元、几百亿元甚至几千亿元的资金池，这就是资本运作聚沙成塔的应用案例。

完璧归赵

我们再来看共享单车的商业模型。用户先把押金借给共享单车平台，平台再随时把押金退还给用户。但很多人的押金会压很长时间才想起来去退款，有的人甚至干脆忘了去退款，这就为平台造就了巨大的资金池。你先把押金借给我，我再把押金还给你，这就是完璧归赵，中间可能会存在巨大的时间差，完璧归赵式资本运作的学问就在这个时间差里。当然有个别的共享单车平台没有做起来就破产了，导致付了押金的用户遭殃，这也恰恰反映出资本运作的不确定性。

前面也和大家分享过，到底一次赚100元钱好，还是赚10元钱好，还是赚1元钱好？其实赚多少钱是有前提讲究的，就是看你投入的成本是多少？付出的时间和精力有多少？而完璧归赵很好地解决了企业的资金压力和采购成本压力，就是我拿你的钱，把产品买回来再卖给你，我只赚1元钱，但我1分钱投资成本的压力都没有。

见缝插针

一些行业或者行业的细分领域，会瞬时有些机会，我们抓住这些时机和契机有所成就，这就叫见缝插针。

比如在某些一线城市，如果你在2015年3月份买了房子没有卖掉，到2016年的5月份，房价就涨了一倍，你就赚了一倍。如果你有远见买了10套或100套呢？

无论资本运作有多少种方式，其根本法则就是把零散的资金集中起来，再充分利用资本运作的流动性，按照一定的比例进行重新分配，让抓到机会的人实现致富创收。

· 后 记 ·

　　纵观世界 500 强企业，大多是依靠资本发展运营起来的，可见资本在企业发展中的重要性。

　　好学上进的企业家们到处拜师学艺，到各个学习会场取经，然而碎片化的资本知识很难招架住投资人的考验。要想成功获得资本的青睐，先要弄清楚融资的目的，融资的目的是资本之路的战略布局，而不是缺钱找钱。很显然，很多融资企业家对此目的并不清晰。

　　"凡事预则立，不预则废"，融资必须提前布局，并做好设计与规划。笔者在工作过程中曾经遇到一些融资企业家，虽有上百种办法帮助他，但是有一点始终做不到，就是救不了对方的急。当下行业竞争激烈，赚钱已是难事，而融资更非易事，所以提前做好布局规划显得更加重要。

　　融资成功是投资方与项目方的完美结合，达成此结果需要多方共同努力。第一，项目方要通过提升自身思维认知，掌握全面的资本常识，在跟投资人对接过程中做到知己知彼。第二，投资机构要有足够的耐心聆听和理解项目方，要有真正识得真金之慧眼，所谓的"好项目"一定不是"绝对好项目"，绝对好的项目大家都看得见，对方又凭什么要你的资金呢？所以，投资团队除了有资金，还要有过硬的专业知识及相应的资源辅助，共同把"不那么好的项目"打造成"好项目"。第三，需要有辅导机构的帮助。由于大部分中小企业的基本面市场小、品牌小、团队乱、资金少、环境差等条件，导致了辅导机构"巧妇难为无米之炊"的窘境。所以帮助中小企业注定是件累活。即使成功融到了"种子轮"，离上市还有很长的路要走。通常，辅导机构帮助中小企业融到"种子轮"得到的回报，比做一个并购或者上市项目的回报要少得多，并且社会影响力远不足与IPO事件相媲美。

本书在编写之初汲取了多人的智慧，结构逻辑严谨，内容涉及不只是融资之术，还包含了治企之道，资本知识点触达比较全面。不管企业有没有融资的需求，有没有达到融资的时间节点，都值得大家学习。笔者本着"用资本的思维赋能实业，用做实业的精神做资本"的原则，以"资本农夫"的视角，期望优良的企业种子遍布天下。

在出书的过程中得到美中投资基金董事局主席、欧美同学会企业家联谊会会长、美中企业家联合会主席徐昌东先生，康佳集团销售公司原党委书记刘义全先生，中国香港中置资本总经理曹磊先生，胡圣浩博士等贵人的帮助支持，在此表示真诚的感谢！

由于笔者水平有限，书中多有不到之处，请读者多多包涵并指正，谢谢！

黄祖良

2023 年 10 月 31 日

读 者 意 见 反 馈 表

亲爱的读者：

感谢您对中国铁道出版社有限公司的支持，您的建议是我们不断改进工作的信息来源，您的需求是我们不断开拓创新的基础。为了更好地服务读者，出版更多的精品图书，希望您能在百忙之中抽出时间填写这份意见反馈表发给我们。随书纸制表格请在填好后剪下寄到：北京市西城区右安门西街8号中国铁道出版社大众出版中心 王宏 收（邮编：100054）。此外，读者也可以直接通过电子邮件把意见反馈给我们，E-mail地址是：17037112@qq.com。我们将选出意见中肯的热心读者，赠送本社的其他图书作为奖励。同时，我们将充分考虑您的意见和建议，并尽可能地给您满意的答复。谢谢！

- -

所购书名：_____

个人资料：

姓名：_____ 性别：_____ 年龄：_____ 文化程度：_____

职业：_____ 电话：_____ E-mail：_____

通信地址：_____ 邮编：_____

- -

您是如何得知本书的：

□书店宣传□网络宣传□展会促销□出版社图书目录□老师指定□杂志、报纸等的介绍□别人推荐□其他（请指明）_____

您从何处得到本书的：

□书店 □邮购 □商场、超市等卖场 □图书销售的网站 □培训学校 □其他

影响您购买本书的因素（可多选）：

□内容实用□价格合理□装帧设计精美□带多媒体教学光盘□优惠促销□书评广告□出版社知名度□作者名气□工作、生活和学习的需要□其他

您对本书封面设计的满意程度：

□很满意 □比较满意 □一般 □不满意 □改进建议

您对本书的总体满意程度：

从文字的角度 □很满意 □比较满意 □一般 □不满意

从技术的角度 □很满意 □比较满意 □一般 □不满意

您希望书中图的比例是多少：

□少量的图片辅以大量的文字 □图文比例相当 □大量的图片辅以少量的文字

您希望本书的定价是多少：

本书最令您满意的是：

1.

2.

您在使用本书时遇到哪些困难：

1.

2.

您希望本书在哪些方面进行改进：

1.

2.

您需要购买哪些方面的图书？对我社现有图书有什么好的建议？

您更喜欢阅读哪些类型的书籍（可多选）？

□入门类 □精通类 □综合类 □问答类 □图解类 □查询手册类 □实例教程类

您在学习的过程中有什么困难？

您的其他要求：